百姓热点大聚焦

BAIXING REDIAN DAJUJIAO

张百新◎主编

新华出版社

图书在版编目（CIP）数据

百姓热点大聚焦/张百新主编
北京：新华出版社，2014.5
ISBN 978-7-5166-1012-1
Ⅰ.①百… Ⅱ.①张… Ⅲ.①社会问题—中国—通俗读物 Ⅳ.①D669-49
中国版本图书馆 CIP 数据核字（2014）第 097258 号

百姓热点大聚焦

主　　编：张百新

出 版 人：张百新　　**封面设计**：图鸦文化
责任编辑：赵怀志　　**责任印制**：廖成华

出版发行：新华出版社
地　　址：北京石景山区京原路 8 号　　**邮　　编**：100040
网　　址：http：//www. xinhuapub. com　　http：//press. xinhuanet. com
经　　销：新华书店
购书热线：010-63077122　　**中国新闻书店购书热线**：010-63072012

照　　排：新华出版社照排中心
印　　刷：北京新魏印刷厂

成品尺寸：170mm×240mm　　**印　　数**：1—5000 册
印　　张：12.5　　**字　　数**：135 千字
版　　次：2014 年 5 月第一版　　**印　　次**：2014 年 6 月第一次印刷

书　　号：ISBN 978-7-5166-1012-1
定　　价：26.00 元

图书如有印装问题，请与出版社联系调换：010-63077101

出版说明

为深入回答当前广大人民群众普遍关注的社会热点问题，我们在认真调研的基础上，围绕大气污染治理、社会诚信建设、公务员加薪争议、全国住房信息联网、消费者维权遇尴尬、社会救助、网络安全、科研行为不端等社会热点，精选新华社播发的相关稿件，经编辑深加工，策划出版了《百姓热点大聚焦》这本通俗理论读物。该书密切联系实际，解释疑惑，既提出问题、分析原因，又提供解决问题可资借鉴的办法和途径，对2014年社会热点进行了深入浅出的解读，观点准确、文风朴实，图文并茂，可读性强，适合广大干部群众参阅。

目　录

1 雾霾难驱，我们究竟能做什么？——聚焦中国大气污染治理

治理大气污染，必须先找到“病灶”。目前，工业污染、燃煤、汽车尾气、垃圾焚烧等是社会各界公认的大气污染主要来源，不同的污染源背后则是不同的治理方式和责任主体。如果无法精确解析大气污染主要来源，就无法分清不同群体以及不同机构组织的责任，最终演变成“人人有责，无人负责”。政府各部门以及各科研机构应该以负责任的态度加强协作攻关，拿出有说服力、科学权威的解析结果和治理建议，为突破十面“霾”伏指明一条科学的道路。

霾从何来？——雾霾源解析有望破解我国治霾之困

当前，雾霾已成了城市挥之不去的阴影，成为人民群众的心肺之患。治霾也成为社会关注的环保首要大事。

但与此同时，治理大气污染的一个基础性问题却一直众说

纷纭，霾从何来？如何对症下药？雾霾源解析能否破解我国治霾之困？

“霾”从何来，谁能说得清？

近来我国多地多次发生大范围的空气重污染，社会高度关注。“霾祸”元凶困扰大半个中国，人们不禁追问：空气重污染究竟从何而来？被认为污染祸首的PM2.5，其真正来源又是什么？

什么是PM2.5？

PM2.5即细颗粒物。细颗粒物又称细粒、细颗粒、PM2.5。细颗粒物指环境空气中空气动力学当量直径小于等于2.5微米的颗粒物，也称PM2.5、可入肺颗粒物。它能较长时间悬浮于空气中，其在空气中含量（浓度）越高，就代表空气污染越严重。虽然PM2.5只是地球大气成分中含量很少的部分，但它对空气质量和能见度等有重要的影响。与较粗的大气颗粒物相比，PM2.5粒径小，面积大，活性强，易附带有毒、有害物质（例如，重金属、微生物等），且在大气中的停留时间长、输送距离远，因而对人体健康和大气环境质量的影响更大。

显然，搞不清“霾”是什么，“霾”从何来，何谈治“霾”。

很长时间来，这个治污的基础性问题，始终众说纷纭。譬如，有研究成果称，机动车尾气的PM2.5贡献只有4%，引起广泛争议。

国务院颁布的《大气污染防治行动计划》明确要求，“加强灰霾、臭氧的形成机理、来源解析、迁移规律和监测预警等研究，为污染治理提供科学支撑。”

目前，中央部委层面对于“雾霾”污染的源头研究工作，已经展开，有望逐步揭开“雾霾”的神秘面纱，这一重要研究手段，就是源解析。

在此前举行的《清洁空气研究计划》启动会上，环保部副部长吴晓青坦言，“底数不清、机理不明、技术不足”是制约我国大气污染防治工作的瓶颈之一，首要工作就是搞清污染“元凶”。

“只有摸清产生雾霾的主要因素，治理才能有的放矢。环保部推开源解析就是力图使分析结果更符合实际情况。”环保部监测司司长罗毅介绍说，做雾霾的源解析，需要一年以上时间的监测，获取大量的监测信息，要做大量的源分析，需要选择合适的点位进行长期的观测和监测。

源解析，科学方法如何提升治霾能力？

长期以来，雾霾从何而来，众说纷纭。其根本原因就在于源解析工作难度极大，采样范围的大小，研究时间的长短都可能影响其精确性。

中国环境科学研究院副院长柴发合说，一份具有参考价值的源报告必须基于常规性、持续性的监测数据和解析，但目前国内真正能做到每日采样分析的城市寥寥无几。

> **“霾祸”元凶为何难查？**
>
> 按照目前公认的说法，工业污染、燃煤排放、汽车尾气、道路扬尘乃至做饭的油烟、街头的烧烤，都是PM2.5飙升、雾霾频发的元凶，可究竟哪一个是“主要矛盾”，却有着诸多截然不同的说法。
>
> 其根本原因就在于源解析工作难度极大，采样范围的大小，研究时间的长短都可能影响其精确性。中国环境科学研究院副院长柴发合说，一份具有参考价值的源报告必须基于常规性、持续性的监测数据和解析，但目前国内真正能做到每日采样分析的城市寥寥无几。

柴发合说，按要求，每天都要采样，再进行分析，最后再进行数据处理，才能科学确定来源，但是我们现在往往都是典型时段采样，导致分析结果可能偏差，污染源的判断也不够准确。

我国很多地方的空气都出现了“霾症”，但病灶各不相同，没有一份基于本地情况的、清晰的雾霾“源报告”，就好像治病找不到病因，对症下药无从谈起。

按照目前公认的说法，工业污染、燃煤排放、汽车尾气、道路扬尘乃至做饭的油烟、街头的烧烤，都是PM2.5飙升、雾霾频发的元凶，可究竟哪一个是“主要矛盾”，却有着诸多截然不同的说法。

如近期中科院大气物理所关于北京雾霾污染源的分析报告称，北京PM2.5的来源中汽车尾气占比不足4%，该结果与北京市官方公布的数值22%以上相去甚远。数据差异的背后，是汽车尾气究竟是不是北京雾霾的重要元凶这一重要问题，因为这将决定治理的方向和次序。

为了防范由于污染源头不清造成的认识混乱以及治理资源浪费，环保部已开始部署污染源解析工作，并且有步骤推进。

把准脉、下对药，解治霾之困

根据环保部的要求，全国各直辖市、省会城市和计划单列市今年要尽快启动源解析研究，北京市、天津市和石家庄市要在2014年上半年前提交初步研究成果，其他地方也要在2014年年底前提交源解析研究的阶段性成果。

据介绍，长达10年的上海大气颗粒物源解析已取得初步成果，并在治污中得到有效应用。

上海市环境监测中心总工程师伏晴艳说：“为了定性或定

量识别大气颗粒物来源，上海逐步构建大气污染源排放清单与源谱，探索颗粒物来源解析技术方法，在常态源解析和重污染快速源识别两个方面均取得进展。”

“常态源解析初步揭示PM2.5来源，得出空气中PM2.5本地人为污染排放贡献占八成，交通和工业是重头，基于此，上海制定了180多项有针对性治理措施。”上海市环保局负责人透露。

吴晓青说，对于源解析的结果，各地要组织专家认真分析论证，以权威、科学的方式进行发布，并组织专家做好深入解读，引导公众正确认识。

两会代表委员建言大气污染治理

2014年全国两会代表委员，不少人带来了有关大气污染治理的议案、提案。他们在思考：在那扑朔迷离背后，还有哪些未被揭示的真相？怎样才能打掉阻碍治污的各种“拦路虎”？

监测数据造假花样知多少？

目前，盘点全国多个省份已发布的2014年政府工作报告，“雾霾”成为仅次于“改革”的第二大热词。如何缓解“十面霾伏”，保障呼吸安全已是民生最大期待。

雾霾治理中，大气监测数据的准确性，成为代表委员关注的热点之一。一些地方不断曝出监测数据在改善，但环境质量持续恶化。

据山东省环境信息与监控中心调查，通过干扰自动监测设备正常运行进行数据造假的方式主要有两类——

一是修改参数，不达标的变达标。实际监测的排放浓度是1000毫克每立方米，在软件计算时加了个0.1的系数，结果就成了100毫克每立方米。

二是破坏采样系统。在设备采样管上私接稀释装置，甚至直接拔掉采样探头、断开采样系统，致使监测设备采集不到排放的真实样品。

有些造假手法令人啼笑皆非。“有些排污企业上传给环保部门的监测数据是‘垃圾数’。”北京一位环境监测设备生产商说，“监测设备电源都关了，但数据居然还在上传!”

一位人大代表告诉记者，北方某市多次上榜“全国大气污染最重城市”，市领导急了，下令严查。可是环保局长很“委屈”地说：咱们的监测探头都设在森林公园里了，怎么污染还这么大呢?

如何斩断阻碍治霾利益链?

2014年年初，环保部12个督查组赴京津冀等地督查发现，“顶风排污”现象仍然存在。

2月21日，环保部有关负责人通报了天津陈塘热电有限公司大面积建筑垃圾裸露、未采取防尘措施问题。而通报三天后，这家公司厂房和南侧道路边，上万平方米区域内的建筑垃圾仍“素面朝天”。

24 日，记者在天津一家大型钢铁企业见到，大型货车正在厂区后面露天倾倒渣石，腾起十多米高的烟尘。

2013 年以来，各级政府纷纷出台力度空前的雾霾防治政策措施，立“军令状”，大笔拨款。然而，在贯彻执行中，一些地方说得多、做得少，雷声大、雨点小。

长期关注大气污染问题的全国政协委员孙太利说，有的说是要向高污染、高能耗的“吃饭产业”开刀，但大量被压被砍的都是“苍蝇”级的小企业、小作坊，很少有“老虎”级的大企业、上市公司，真正的排污大户关停并转遥遥无期。

权威声音：

有的说是要向高污染、高能耗的“吃饭产业”开刀，但大量被压被砍的都是“苍蝇”级的小企业、小作坊，很少有“老虎”级的大企业、上市公司，真正的排污大户关停并转遥遥无期。

——全国政协委员孙太利

千丝万缕的利益链，让一些地方治理雾霾时投鼠忌器。应当将“空气质量逐年改善”作为区域发展约束性要求，建立起刚性约束机制。

——全国人大代表宋心仿

钢铁是河北省支柱产业之一，曾三番五次被国家要求压产减排。压减多年，这个省高炉总量仍比美国高出 6 倍，废气排放量高于欧盟总和。

为什么一些地方治霾不愿动真格？孙太利委员认为，“唯 GDP 论”政绩观是一个障碍，但并非唯一障碍。

2013 年，北方某省公安部门发现了企业排污线索，采取行动时却发现，企业早停止了排放，让赶到现场的民警扑了个空。

“有没有保护伞的问题？”孙太利委员说，治理雾霾也要“老虎苍蝇一起打”，要挖出监管不力背后可能隐藏的腐败，有无官员从中捞取过好处？

全国人大代表宋心仿说，千丝万缕的利益链，让一些地方治理雾霾时投鼠忌器。应当将“空气质量逐年改善”作为区域发展约束性要求，建立起刚性约束机制。

怎样让排污者“不敢、不能”？

2014年3月1日，《北京市大气污染防治条例》正式实施。重污染日企业拒不停产或限产最高可处50万元罚款；车辆排放超标，处罚最高提至3000元。

新的法规带来新的期待。然而，大气污染防治法自2000年以来已14年未修订过，与当前污染状况对比，暴露出一定的局限性。

> **新华社评论：**
>
> 治霾之路，注定不会太平坦，需要持续推进，也需要霹雳手段，该退出市场的必须退出市场，该用新材料、新能源替换的必须替换，该判“死刑”的不能再弄个“死缓”——即使它被判“死刑”前，能够为地方贡献大量GDP。

孙菁代表认为，现行大气污染防治法一个突出局限性是处罚力度不够，导致排污企业违法成本太低。对查实的数据造假企业，行政处罚额度最高是废气数据造假罚款5万元，这甚至比不上企业一天的治污费用。

山东省环保厅厅长张波建议，处罚要出重拳，让情节严重的排污企业“倾家荡产”。

而在全国政协委员侯欣一看来，立法的空白点之一是，治理区域性大气问题的法规比较少。一些地方已经开始了区域合作治理雾霾的尝试，但“合作”常常局限于“转移”——把污染丢给邻居，把利益留给自己。结果整个区域的大气污染并未减少，自身又反受其害。

让排污者“不敢为、不能为”，还要引入公众监督。长期以来，公众被挡在大气监测的技术壁垒之外。但邓中翰代表认为，把监测数据特别是污染源的排放数据放到网上，让社会实时知晓。

宋心仿代表认为，防治雾霾需要打一场持久的“人民战争”。“雾霾之下无人可以置身事外。发生在你身边的不文明行为，如果你不站出来监督，就是任由自己的权益被侵害。”

向污染之源说“不”：从美国“四乙公司”说起

治理雾霾，光靠把“三高”企业“搬家”是不行的，每个区域、每个人都有拒绝污染的权利，除非像科幻小说中说的那样，把重污染企业搬到外星球上去——那样“外星人”又不干了。中国呼唤“治霾利器”，除了科技创新，还有决绝之心：敢于跟利益集团切割，敢于向污染之源说“不”。这方面，西方发达国家有经验也有教训。

“含铅汽油”被认为是 20 世纪最糟糕的发明之一。1921 年，一个叫小托马斯·米奇利的美国发明家研究发现，一种名叫四乙铅的化合物能大大减少发动机爆震现象。他的发现带来了滚滚商机：1923 年，美国三家大公司——通用汽车公司、杜邦公司和新泽西美孚石油公司成立了一家合资企业，名叫四乙铅汽油公司（后来又简称为四乙公司），世界愿买多少四乙铅，它就生产多少四乙铅。结果证明，世界的需要量很大。悲剧的是：汽车废气管不断排出铅，而在 1923 年之前，地球的大气里几乎没有铅。

到上个世纪 60 年代，美国儿童铅中毒率高达 85%。美国毒物登记署向国会报告："铅无论在哪处发现都是有毒的，然而铅又无处不在。"儿童铅中毒被称为"寂静的流行"，被媒体广泛报道，从而成为重要的公共议题。美国政府和民众掀起了"零铅运动"。

但是美国的"零铅运动"并不容易，从中可以看出：资本的力量实在太大了——近半个世纪美国对铅的影响的每项研究，全是由铅添加剂的制造商们提供资金。四乙公司不断宣称：铅，无毒无害。米奇利自身深受铅中毒之害，却不断在记者面前撒谎。

搞出一个糟糕的发明或许并不需要太长时间，但要清除其负面影响，往往需要几代人的努力。直到 1986 年，美国才停止销售一切含铅汽油，美国人血液里的铅浓度几乎马上下降了 80%。

通过美国"四乙公司"的故事来审视雾霾难治，一大原因，是因为雾霾制造者有太多的利益不愿被触动，让这些利益团体"要钱不要命"，他们会不断扰乱公众视线，不断为自己开脱，只为了赚沾满 PM2.5 污渍的那每一桶金。

因此，治霾之路，注定不会太平坦，需要持续推进，也需要霹雳手段，该退出市场的必须退出市场，该用新材料、新能源替换的必须替换，该判“死刑”的不能再弄个“死缓”——即使它被判“死刑”前，能够为地方贡献大量 GDP。

找对“症”更要下好“药”

要做到“下药根治”，关键是先找对“症”。在面临十面“霾”伏却突围乏力的情况下，大气治理工作如何以科学的态度“回本溯源”，公众拭目以待。

追根溯源　　新华社发　徐骏　作

人们已认识到，当下所面临的大气污染，是我国多年来超速发展所积累隐患的集中爆发，治理大气污染注定将是一场持久战。但对于目前我国大气污染的主要源头以及各污染源的贡献率，近年来却是莫衷一是。仅机动车尾气排放对于大气污染的贡献率，不同环保部门、科研机构就曾给出过多个大相径庭的调查结果，引发的一连串争议让社会公众不明就里。

治理大气污染，必须先找到“病灶”。目前，工业污染、燃煤、汽车尾气、垃圾焚烧等是社会各界公认的大气污染主要来源，不同的污染源背后则是不同的治理方式和责任主体。如果无法精确解析大气污染主要来源，就无法分清不同群体以及不同机构组织的责任，最终演变成“人人有责，无人负责”。

在辨明大气污染主要来源的成分和比例后，治理污染的政策和措施就应依据解析结果及时做出调整和跟进。如果确定汽车尾气排放是大气污染的主要贡献者，就应把老旧机动车淘汰更新、提升燃油标准以及机动车总量控制工作放到更加重要的位置上去。如果雾霾的主要来源是燃煤和工业污染，那么整治工业污染、调节产业结构就应成为大气污染治理的当务之急。而不同区域大气污染源解析结果可能存在的差异，则需要主管部门针对不同地区大气污染特点“有的放矢”，出台有针对性的治理措施，避免全国上下“一刀切”、“一锅煮”。

根据环保部安排，2014 年 6 月底前，北京、天津和石家庄将首先获得污染源解析的初步结果。到 2014 年年底，京津冀、珠三角、长三角区域都要完成污染源解析的初步工作。我们期待政府各部门以及各科研机构，以负责任的态度加强协作攻关，拿出有说服力、科学权威的解析结果和治理建议，为突破十面“霾”伏指明一条科学的道路。

2 PX，在何处安放？
——聚焦中国 PX 产业发展

重大项目在遭遇公众反对的时候，简单地缓建、停建或者搬迁，并不是科学的治理方法。社会转轨期利益诉求趋于多元。公众反对一些重化工项目，无论是因为对项目情况不了解还是利益诉求得不到满足，政府及企业都应主动寻求与公众充分沟通，寻找解决之道。对于公众而言，更加理性、依法维权并积极建言献策，才能共同营造寻求经济发展与环境保护双赢之道的和谐环境。

我国 PX 产业发展三问

PX，中文名对二甲苯。一直以来，PX 只是石化产业中很普通的一种化工产品，然而近年来却成为公众关注的焦点。

因公众的误解和反对，厦门、宁波、昆明、彭州、茂名等规划中的多个 PX 项目相继停建或缓建。我国 PX 缺口不断扩大，而周边国家的 PX 生产及建设进入高峰期。

无处安身　　　　新华社发　徐骏　作

PX在我国，究竟怎么了？

PX有多毒？

近日，一场PX百度词条保卫战引发关注。有人利用百度词条可以编辑的机会，多次将PX毒性由“低毒”改为“剧毒”，引发近10位清华大学化工系学生“誓死守卫词条”，复旦、对外经贸等高校学生纷纷加入。在6天内，PX词条被反复修改多达36次。4月5日，百度百科最终将PX词条锁定在“低毒化合物”的描述上。

PX是一种重要的有机化工原料。根据《危险化学品安全技术大典（第1卷）》，PX的可燃性、爆炸危险性、毒性与汽油相似。从致癌性来看，根据世界卫生组织国际癌症研究中心2008年公布的权威数据，相对于黄曲霉素、乙醇（酒精饮料）、烟草等组 1（确定的人类致癌物）和高温油炸释放物、汽油、腌菜等组 2（可能是人类致癌物），PX 所属的二甲苯属于现有证据不能对人类致癌性进行分类的组 3。

和生产汽、柴油的石油炼制生产过程相比，PX 生产的工艺条件相对缓和。中国工程院院士曹湘洪说，现代技术手段能为有效控制炼油石化装置的安全环境风险提供有力的技术支持。

实测研究，世界各国 PX 项目在正常生产运行情况下，对所在城市空气污染影响非常小。迄今为止，世界各国的 PX 装置均未发生过造成重大环境影响的安全事故。

在我国 PX 项目建设中，公众反对声音最大的是 PX 项目与居民区的安全距离。然而，日本横滨 NPRC 炼厂 PX 装置与居民区仅隔一条高速公路，新加坡裕廊岛埃克森美孚炼厂 PX 装置距新加坡本岛居民区 2.6 公里，美国休斯敦 PX 装置距城区也仅有 1.2 公里。

能不能不发展 PX？

在现代社会，PX 与我们的生活息息相关。它的下游主要用于生产精对苯二甲酸（PTA）及聚酯（PET，或称涤纶、的确良），并最终用于生产人们穿的衣服、饮料瓶、食用油瓶等。工业应用中，PX 主要用作生产聚酯纤维和树脂、涂料、染料及农药的原料，并且是汽油的组成成分之一。

在我国，由 PX 衍生的石化产业以及下游纺织和包装行业，已经成为国民经济的重要支柱并解决了大量就业。而 PX

的短缺，成为制约这一整个产业链条发展的瓶颈。

我国的PX几乎全部用于生产PTA。2011年以来，我国PTA产能进入增长高峰期。从全球看，2012年开始，全球芳烃聚酯产业链条回归需求增长，PX供应迅速增长。但我国新增PX生产能力十分有限，供需缺口不断扩大。

“PX作为整个产业链的前端，其自给率的下降将对整个产业的竞争力产生什么样的影响，可想而知。”中国石化经济技术研究院副院长毛加祥说。

在我国PX项目建设不断推迟的同时，周边日本、韩国、新加坡以及沙特等国家以中国内地为目标市场的PX项目加快上马。

2013年，我国PX表观消费量为1641万吨，进口量为905万吨，对外依存度已经上升至55%。根据中国化工学会的估计，如果目前国内拟建的PX装置不能如期建设，到2015年我国PX进口量将超过1200万吨，成为国内进口量最大的石化产品。

PX问题折射了什么？

PX关注的背后，折射出怎样的社会问题？

由于PX项目遭受的阻力，目前地方政府和石化企业在引入PX项目前已开始更多地关注公众知情权，但近日广东茂名PX项目遭遇的强烈抵制令我国PX项目的推进再度陷入“困局”。

有网友表示：“我可以相信PX是低毒的，但我不相信生产过程是安全的；我可以相信你有能力实现安全生产，但我不相信你有动力去这样做。”

“这一方面需要企业自律，另一方面，更折射出公众对监管到位的渴求。”中国化工学会副理事长杨元一说，这其中，首当其冲的是政府和职能部门的监管。

曹湘洪指出，我国企业安全环保管理和国外存在差距。“我国企业安全环保管理基本处于经验管理阶段，安全检查往往是运动式的，与国外先进企业的科学管理还有距离。要让公众接受重大石化项目上马，企业首先要实现本质安全。”

曹湘洪认为，PX困局也对政府治理能力提出更高的要求。“重大项目在遭遇公众反对的时候，不能简单地缓建、停建或者搬迁，而应在了解公众诉求的基础上，去寻找解决之道。比如说，引入有资质的第三方进行安全环保监管，由政府购买服务。这些在国外普遍接受的做法，在我国的安全环保监管中基本处于空白。”

多国的经验表明，PX等石化项目与公众的和谐共处，得益于成熟而严格的环境风险管控制度。在保障公众知情和环境监管方面，企业不惜投入重金，确保最大限度消除重化工项目可能产生的负面影响。

人民日报评论：

在国外，新加坡裕廊岛PX工厂、日本横滨PX生产基地，他们的成功经验，是邀请群众参观生产车间、设置“公众参观日”和群众代表监督会，在国内，福建漳州的PX项目得到95%的居民支持，源于“过细的群众工作”，不仅充分公开信息，而且选派代表远赴日本、新加坡实地参观。这都说明，知识普及、信息披露只是迈出了第一步，参与和互动才更能赋予项目合法性，细致耐心并富于创新的工作才能涵养信任资源。

“可以确定的是，安全环保上不投入就想获得效益的时代已经一去不复返。未来重大工业项目的上马，一定是公众、政府和企业坐在一起，寻找一条共赢的途径。”一位石化企业安全环保监管人员对记者说。

环保部有关负责人就 PX 项目环评答记者问

成都、南京、青岛、福建、大连、茂名……近年来我国多地发生民众反对 PX 项目的事件。是所谓的“邻避效应”，还是真的存在风险？环保部环评司负责人就 PX 项目环评等相关问题接受新华社记者采访。

记者：PX 的主要特性是什么？在中国，有多少 PX 项目，都分布在哪里？

环评司负责人：PX 中文名称为“对二甲苯”，为无色透明液体，具有芳香气味，不溶于水。根据联合国世界卫生组织推荐的外来化合物急性毒性分级标准和我国的《急性毒性试验》(GB15193.3—2003)，PX 属于低毒物质。PX 是生产涤纶和塑料的重要原料，还可以用来做合成聚酯纤维、树脂、涂料、农药、医药、香料及油墨等。

有关资料统计，截至 2012 年底，我国现有 PX 生产企业 13 家，其中 11 家与炼油装置一体化运作，2 家为独立 PX 生产企业。主要分布在全国 10 个省市，这 13 家企业中有 7 家分布在沿海，6 家分布在内地。近年来，PX 下游需求快速增长，供需缺口不断加大。2012 年，PX 对外依存度为 44%。

> **新华社评论：**
> 回顾多个 PX 项目风波不难发现，公众对 PX 焦虑的背后，固然有不了解这一化工产品属性的因素，但更多的是社会转型期公众环保诉求和维权意识提高，以及政府、企业加强环境保护面临的巨大挑战。

记者：虽然PX属于低毒的化学原料，而且没有证据表明它会致癌，但人们对它还是充满戒心。多地都发生过民众反对PX项目的事件。为什么会有这样的事件发生？

环评司负责人：从PX项目建设和装置运行情况看，我国装置设计理念和技术装备相对先进，生产运行平稳可靠，至今未出现过重大环境污染事故。

当前，我国处于社会转型期，利益诉求多样，加之社会风险与环境风险交织，“邻避效应”突出，PX项目环境影响易成为关注焦点。当前一些地区出现反对PX项目事件，一方面反映出公众维权意识的提高，另一方面反映的是宣传引导的不够。

记者：既然公众如此反对，项目上马前环评又是如何通过的？是否存在环评报告还不够公开，过程还不够透明？

环评司负责人：环境影响评价制度是我国环境保护一项基本制度。建设项目环境影响评价要求在环境影响报告书编制、受理、审批等环节，必须依法决策、科学决策、民主决策。在公开项目信息、征求公众意见方面具体要求是：

在环境影响报告书编制过程中，建设单位或者其委托的环境影响评价机构应严格按照相关规定，向公众公开有关环境影响评价的信息。在报送环境保护行政主管部门审批前，采取调查公众意

什么是邻避效应？

邻避效应（Not－In－My－Back－Yard）指居民或当地单位因担心建设项目（如垃圾场、核电厂、殡仪馆等邻避设施）对身体健康、环境质量和资产价值等带来诸多负面影响，从而激发人们的嫌恶情结，滋生“不要建在我家后院”的心理，及采取的强烈和坚决的、有时高度情绪化的集体反对甚至抗争行为。

见、咨询专家意见、座谈会、论证会、听证会等形式，公开征求公众意见。

环保主管部门在受理建设项目环境影响报告书后向社会公开受理情况，征求公众意见。

环保主管部门在对建设项目作出审批意见前，向社会公开拟作出的批准和不予批准环境影响报告书的意见。

环保主管部门在对建设项目作出审批决定后，向社会公开审批情况。

记者：PX项目上马前的环评，会着重考虑哪些因素？项目可能存在的风险有哪些？在哪些环节容易发生问题？其产生的环境影响有多大？企业如何规避这些风险？

环评司负责人：同其他化工类项目一样，在PX项目环评中重点强化项目选址、环境影响、风险防范、公众参与等相关内容。此类项目必须在依法设立、环境保护基础设施齐全、环境风险防范措施到位，并经规划环评的产业园区内建设；必须符合污染物达标排放、总量控制、环境质量标准等要求；要进行全面的环境风险评估，制定并落实有效的环境风险防范措施和应急预案；同时加大信息公开力度，广泛听取公众意见，必要时召开座谈会、听证会等。

PX项目产生的有组织废气主要来自催化重整再生烟气、加热炉和自备热电站锅炉烟气，污染物主要为二氧化硫、氮氧化物、烟尘等；无组织废气主要来自污水处理、原料和产品的储运等，污染物主要为非甲烷总烃、硫化氢、芳烃等。这些排放物质通过对自备热电站安装脱硫脱硝除尘设施，对污水处理站恶臭气体进行收集处理，油品储运采用密闭装车和油气回收等污染防治措施，均能够实现达标排放，对大气环境影响较小。

为了防止因安全生产可能导致的次生环境风险，在项目环评中，要求建设单位必须强化环境风险防范。首先，企业应严格按照国家相关技术规范进行安全生产，确保本质安全；其次，厂区须设“三级防控”体系，装置区和罐区设围堰及雨污切换系统，要求设置足够容积的事故水池，确保事故废水不外排，对事故状况下受影响范围内的居民制定应急撤离方案，并制定应急响应、联动计划和环境应急监测方案；此外，应按相关标准设置防护距离，防护距离内不得新建居民区、学校、医院等环境敏感目标，现有环境敏感目标应按要求完成搬迁安置。

国外如何“安放”PX项目

PX（对二甲苯）这个原本寻常的化工项目，如今在中国却遭到部分民众反对。是民众了解不够？政府公信不高？行业监管不力？他山之石，可以攻玉，看看PX生产大国韩国、日本、新加坡如何“安放”这类化工项目。

韩国：从强烈反对到相安无事

韩国是PX出口大国，年产能高达580多万吨，出口量近

150 万吨。韩国 PX 项目集中于东南部的蔚山市、南部的丽水市和西部的大山石化园区。

韩国的 PX 项目在建设之初，由于政府公信力不足，科技水平有限，曾受到当地社区居民的强烈反对。20 世纪七八十年代，蔚山工业园区 PX 项目建设时，周边居民大规模抗议包括该项目在内的很多化工项目。后来反对声音逐渐减弱，这主要得益于化工项目从立项、建设到运营过程中逐渐公开、透明、民主的制度环境、完善的法治，以及企业的技术进步和其向社区履行的“社会责任”。

韩国大型化工项目开工前，企业需向政府和居民证明项目建设符合环保标准。对于居民的反对，政府会采取疏导、补偿等措施，并加强对企业的监管。一旦发现企业在建设中违规操作，政府会勒令暂停项目建设。

企业自身在尽力保证 PX 生产安全和消除负面影响方面也付出了巨大努力。以三星道达尔化工企业为例，这家公司采用的安全管理标准以及废水废气排放要求都要远远高于政府标准。蔚山园区所有企业的废水废气处理都通过电子摄像头实时接受市政环境人员的监测。为消除民众顾虑，企业还会在官方网站上公开主要的安全生产信息和数据，供民众随时查询。

韩国化工企业也将部分盈利拿出来回报当地社区。SK 集团于 1997 年投资上千亿韩元建造蔚山生态公园，成为当地居民休闲娱乐的重要场所。

韩国对 PX 工厂严格的环境风险管理和成熟的技术控制系统，使当地社区与工厂几十年来比邻而居并相安无事。SK 蔚山园区一期 PX 工厂离居民区不过数百米左右，正在建设中的二期工厂离居民区也只有 3 公里左右。韩国的 S—oil 工厂离蔚山市区有 15 公里。大山园区距离大山邑约 8 公里，与最近的居民区相距不到 2 公里。

日本：PX 项目与居民区比邻而居

日本是 PX 出口量全球第一。东京湾地区是日本著名的 PX 工业区，坐落于世界级的大都市带，拥有原料供应、地理交通等多方面优势。东京湾地区的石化工业区都设置在城市之中或是与城市居民区比邻而居。例如千叶石化区与居民区无明显界限，横滨 NPRC 厂区与居民区仅隔一条高速公路。

千叶石化区位于东京湾东岸，紧挨着市原市的市区，距离千叶市仅 8 公里，距离东京不到 20 公里，且位于地震多发地带。这片工业区的中心位置是年产 26 万吨 PX 的炼油厂，该厂自 1963 年建成至今从未发生过重大安全事故。

那么它是如何保障生产安全的呢？除 PX，这家工厂还大规模生产多种石化产品，厂内的各类储油罐多达 458 个。在地震发生时，必须以最快速度停止石油加工装置的运转，让处理中的石油尽快冷却、稳定，否则极易引发爆炸。因此工厂专门设计了“震感遮断系统”紧急处理装置，厂内设有 3 个独立的地震感应装置，只要这 3 个装置中的两个感受到超过标准值的晃动，就会自动触发“震感遮断系统”。在系统启动瞬间，所有石油加工装置的电源和阀门都会全部关闭，避免更大灾害的发生。

这家炼油厂的两个厂区内，配备有各类消防车 14 辆，泡沫喷洒装置 61 个，消火栓 1133 个，且每一台设备上都安装了自动洒水器。一旦发生火灾，能立刻在火源附近找到消防设施灭火。此外为防止石油向海上泄漏，厂方设置了 4500 多米长的海上拦油栅，并配备 3 艘作业船，以备不时之需。

在污染控制方面，这家炼油厂将燃烧产生的废气进行回收、处理、再利用。在生产中产生的粉尘、废酸废碱等各种废料，也都集中回收，逐一分类，包括能分解成原料的，能转化为新产品的，能委托其他企业再利用的。

新加坡：对化工项目布局有整体规划

新加坡国土面积仅有大约 700 平方公里，主岛新加坡岛是居民集中的岛屿。新加坡的炼化设施大多集中在距主岛不足两公里的裕廊岛以及以附近一些岛屿为基础而加以扩大和改造的地块，一些炼化设施甚至架在海面上。

裕廊岛目前有 90 多家顶级化工厂入驻，其中包括埃克森美孚、壳牌等巨头。这些公司的安全流程规范而细致，并根据实际情况更新改进，对于火灾、泄漏等安全事故坚持审慎原则。

从规划看，裕廊岛的炼化区实际上仍尽可能与主岛隔离。这有利于公众建立对化工设施安全的信心，也从一个侧面反映出新加坡对工业设施安全的重视。

政府在通盘布局考虑之下，对化工设施还有着全流程的监管。例如，项目用地前期评估就有多部门联手参与，并引入公众咨询机制；项目上马须通过一套严格流程，尤其着重其安全评估；发生生产事故后积极妥善应对，尽可能披露足够多信息满足公众知情要求，缓解对于安全的担忧，赢得公众信任。

具体到PX这一化工产品，虽然PX低毒，但生产过程有一定风险。因此新加坡对PX项目的规管与对其他有一定危险性的化工设施规管大致原则相同。

PX上马，公众角色不可或缺

近年来，我国PX项目建设在多地因遭遇民众反对相继停建或缓建，而与之相随的是我国PX对外依存度不断上升，周边国家以中国内地为目标市场的PX项目建设进入高峰期。

回顾多个PX项目风波不难发现，公众对PX焦虑的背后，固然有不了解这一化工产品属性的因素，但更多的是社会转型期公众环保诉求和维权意识提高，以及政府、企业加强环境保护面临的巨大挑战。

> **媒体观点：**
> 在涉及群众利益的问题上，再细的群众工作也不为过。拿出谋发展的热情来认真做群众工作，就不难穿越隔阂、消除误解、赢得信任。“一定会落实群众的知情权、参与权”，茂名市政府的承诺让我们期待，地方政府会以更细更到位的工作，探索早日走出PX困境的现实路径。

保障公众知情权是重大工程项目建设顺利进行的必要前提。重大化工项目因其易引发环境污染的特殊性，容易引起公众关注，也容易产生争议。在开展重大工业项目可行性研究的同时，及时进行科普宣传和公众先期介入，是国际社会普遍的做法。而在我国一些地方，由于公众对于重大项目工程不知情，产生抵制、反对态度和行为，并形成消极舆论，这样的例子并不仅仅发生在PX项目建设中。重大项目在遭遇公众反对的时候，简单地缓建、停建或者搬迁，并不是科学的治理方法。社会转轨期利益诉求趋于多元。公众反对一些重化工项目，无论是因为对项目情况不了解还是利益诉求得不到满足，政府及企业都应主动寻求与公众充分沟通，寻找解决之道。

保护环境不能完全依赖企业自律，这也是公众对重大化工项目存在疑虑的重要原因。因此，在项目上马前，政府主动向公众阐释环保监管措施，作出应有承诺尤为重要。多国的经验表明，PX等石化项目与公众和谐相处，得益于成熟而严格的环境风险管控制度。比如引入有资质的第三方进行安全环保监管，由政府向其购买服务。

对于企业来说，在保障公众知情权和环境安全方面要加大投入，切实实现国内企业环保从经验式管理向科学化管理转变。打造企业的社会公信力，不仅是企业履行社会责任的要求，更是企业可持续发展的竞争力所在。

对于公众而言，更加理性、依法维权并积极建言献策，才能共同营造寻求经济发展与环境保护双赢之道的和谐环境。

3 如何让失信者寸步难行？
——聚焦中国社会诚信建设

社会诚信，涉及社会方方面面，某种程度上可谓“社会的基因”。健康的市场经济，诚信是基石；人与人的交往与合作，诚信是基础。如今，社会处于转型期，失信失范的社会现象不断出现：违规排放、违规添加、假冒伪劣、学术不端。怎么办？社会呼吁要建立诚信体系和制度，让失信付出更大的代价，让人不敢作假。这是对的。但除了制度，还要有“温度”，就是要让人性回归。

“失信黑名单”逼老赖现身

2014年2月24日，上海市徐汇区法院执行局内，有一个面容焦虑的中年男子，他的故事令人啼笑皆非，又令人深思。

此人姓曹，2002年、2003年在上海读研时曾到某银行徐汇分行办理了两笔助学贷款共计26500元，双方约定按月还

无处藏身　　新华社发　朱慧卿　作

款。但是到了 2004 年毕业的时候，曹某却不见踪影，还将签约银行卡销户，从当年 10 月起一直拖欠银行 1 万余元的本金没有偿还。在此后 10 年时间内，银行和法院一直在寻找他，寻找的过程犹如一场“猫捉老鼠”的游戏。曹某辗转上海、江西、浙江、山东多地，当上了律师，甚至还在一家高校当上了副教授，但他总能在银行和执行法官找上门来之前消失……

最终逼他现身的，是最高人民法院公布的失信被执行人名单库。曹某“入库”后，发现自己工作、生活都遇到麻烦，才得知自己上了失信“黑名单”，不仅工作当中被同事、领导另眼相看，影响职称的评定，还耽误了贷款买房。这样，他才迫不及待从山东乘高铁赶到上海履行债务。

诚信缺失，犹如不断抵消、侵蚀正能量的负能量，正在让社会经济付出巨大的代价；诚信也正在拷问每一个中国人，无论是官员还是平民，无论是亿万富翁还是小商小贩……

正因为如此，2014 年政府工作报告中关于诚信体系建设的表述“让失信者寸步难行，让守信者一路畅通”，掷地有声，引起了代表委员的强烈共鸣。

代表委员建言社会信用体系建设

2014 年政府工作报告明确提出，加快社会信用体系建设，建立企业黑名单制度。一些代表委员在讨论报告时呼吁，需要完善具体可行的黑名单制度，同时应加快配套“信用”立法，完善奖惩制度，全方位提高失信成本。

“信息孤岛”致失信成本低

> **新华社评论：**
> 国家的现代化，最关键的是人的现代化。在紧盯着他人德行的同时，每个人也应明确：重建诚信，从每个人做起！如果只知道控诉，而不会自省，不敢面对自我的丑陋，又怎么清楚自己的责任？

信用是市场经济的“基石”，而目前信用缺失仍是我国经济发展中的突出“软肋”。制假售假、商业欺诈、逃债骗贷，层出不穷的毒奶粉、细菌超标的月饼、毒豆芽等失信现象屡见不鲜。马年春晚小品《扶不扶》给许多观众留下深刻的印象，扶起跌倒老人之后反被讹诈的事例，让人们在伸出援助之手时不免心里打鼓。

全国政协委员、金诚同达律师事务所合伙人刘红宇分析指出，重建诚信已迫在眉睫。目前银行等领域内虽有各自信用体系建设及黑名单列表，但由于信息无法共享，形成“信息孤岛”，外界很难获取，结果导致“失信者”违法成本较低。

“商务如果存在不诚信的行为，可以通过政府的监管予以打击，但遗憾的是，一些地方政府为谋私利睁一眼闭一眼，由于缺乏基于覆盖全社会的黑名单制度，失信者能很轻松地逃避监管，几天在这里‘假摔’，露馅后换个地方再演，本质上纵容了失信行为。”全国政协委员、民建中央常委钱学明指出。

权威声音：

重建诚信已迫在眉睫。目前银行等领域内虽有各自信用体系建设及黑名单列表，但由于信息无法共享，形成“信息孤岛”，外界很难获取，结果导致“失信者”违法成本较低。

——全国政协委员、金诚同达律师事务所合伙人刘红宇

重建社会诚信，一方面要深入细化黑名单制度，如设置违规底线、动态管理及阳光公开办法等，另一方面尽快完善奖惩制度，对“黑名单”追踪监督，全方位提高失信成本，一旦失信就要受到严重惩罚，消除失信者的侥幸心理，真正实现让失信者寸步难行，让守信者一路畅通，让诚实守信成为全社会共同的价值追求和行为准则。

——全国政协常委、广西社会主义学院院长刘慕仁

细化“黑名单”制度　让失信者寸步难行

2014年1月份，国务院常务会议原则通过《社会信用体系建设规划纲要（2014－2020年）》，并要求制定全国统一的信用信息采集和分类管理标准，逐步消除“信息孤岛”。

2014年政府工作报告明确指出，“加快社会信用体系建设，推进政府信息共享，推动建立自然人、法人统一代码，对违背市场竞争原则和侵害消费者权益的企业建立黑名单制度，让失信者寸步难行，让守信者一路畅通。”

刘红宇认为，征信体系的最终完善就是要尽快实现不同领域内的信息共享机制，让“黑心商”“老赖们”“假摔者”一处违规，处处受限。

全国政协常委、广西社会主义学院院长刘慕仁建议，一方面要深入细化黑名单制度，如设置违规底线、动态管理及阳光公开办法等，另一方面尽快完善奖惩制度，对“黑名单”追踪监督，全方位提高失信成本，一旦失信就要受到严重惩罚，消除失信者的侥幸心理，真正实现让失信者寸步难行，让守信者一路畅通，让诚实守信成为全社会共同的价值追求和行为准则。

信用立法　让信用建设“有法可依”

刘慕仁认为，除了完善黑名单制度，还要设立法律“高压线”，同时加强舆论监督，约束自然人和法人行为，促使其树立诚信。

刘慕仁说，实现中华民族的伟大复兴，诚信、守法等基础的东西就愈发重要，要以一部完善的“信用法”来夯实诚信基础，培育和践行社会主义核心价值观。

刘红宇指出，目前我国还没有一部系统、完整的专门法律、法规来调整社会信用活动中的各种利益关系。现行法律涉及社会诚信方面的规定较少，内容过于笼统、抽象，给法律执行造成障碍。建议尽快探讨以政府为主导，发挥市场能动作用的信用立法的可行性。

“形成‘一处违法，处处受限’的联合惩戒”

如果市场缺乏对失信行为的有效惩罚，将导致“劣币驱逐良币”，守信企业损失惨重，甚至倾家荡产，而失信企业以较小的成本，攻城略地。

“中国的诚信成本，牵扯了企业家大量精力，是影响经济运行效率的严重制约!”全国人大代表、科大讯飞董事长刘庆峰如是说。

全国政协委员侯欣一说，全面建立“黑名单”制度，对于通常“不怕罚款怕曝光”的企业来说更有威慑力。除了建立企业信用“差评库”，还要设立“曝光台”，不能“躲猫猫”和“半公开”。要借助市场力量、消费者选择权、金融机构约束等，形成“一处违法，处处受限”的联合惩戒，倒逼企业讲诚信。

各地正在积极行动，通过“企业黑名单”制度，提高失信企业的“失信成本”：北京市建立了在互联网上公开的企业信用体系“不良行为警示记录管理系统”；上海市开通了个人信用联合征信系统；广州市将为全市企业建立户籍式信用档案，并评出 3 个等级，上网公布……

刘庆峰认为，李克强总理政府工作报告指出不仅要让“让失信者寸步难行”，还要“让守信者一路畅通”，必将有力推动

寸步难行　　新华社发　朱慧卿

中国经济社会发展进程。

“公务员应该最先纳入诚信档案管理”

“国无信不立”，对于一个国家而言，最需要治理的是公权力的操守。

2013 年政府工作报告中提出“以政务诚信带动商务诚信和社会诚信”，今年政府工作报告强调“加快社会信用体系建设，推进政府信息共享，推动建立自然人、法人统一代码。”

刘庆峰认为，“法人”不仅应包括企业，应还包括各类社会组织和社团，甚至是地方政府。张恩迪则表示，建立公民的终身诚信档案时，公务员群体应该是最先纳入诚信档案管理的人群。

打铁还需自身硬 新华社发 李二保 作

近年来，一些地方政府失信于民，一些公务员弄虚作假，或给统计数据“注水”，或为升迁不惜在年龄、学历、履历方面造假，严重影响了政府的公信力。

多位代表委员提出："打铁还需自身硬"，每个党员干部、公务人员，都要带头践行诚信，打造诚信政府。

重建诚信，最忌"比烂"

"让失信者寸步难行"，是诚信体系建设的目标；诚信，能否成为道德的自我要求？人的自觉性和制度建设，并非对立，而是相互促进。

我们不能说不重视诚信，人人呼唤重建诚信，包括那些并不诚信的人与部门。但有一个不好的现象：不少人认为，诚信建设跟我无关，那是政府的责任、别人的责任、时代的责任。甚至有人振振有词：那些企业在搞豆腐渣工程，我过马路闯个红灯算什么？那些贪官在大搞政绩造假，我卖点"注水肉"算什么？

诚然，政府和官员要成为讲诚信、维护诚信的典型。但是，盯住别人而忽视自我"小恶"，甚至以别人来为自己开脱，这是一种令人担心的"比烂"心态。古语云："勿以善小而不为，勿以恶小而为之"，小善能累积成大善，温暖世道人心；而小恶也能积成大恶，摧毁公序，撕裂社会。

国家的现代化，最关键的是人的现代化。在紧盯着他人德行的同时，每个人也应明确：重建诚信，从每个人做起！如果只知道控诉，而不会自省，不敢面对自我的丑陋，又怎么清楚自己的责任？

孔子说："己所不欲，勿施于人"；《圣经》中写道："你希望别人怎样待你，你就怎样待人。"没有人，能够在诚信缺失的大背景下不受伤害。你若诚信，别人也会诚信，或者变得诚信，这样的正能量故事，每天都在我们身边发生。

假如人人比"诚"比"信"，人人坚守诚信，社会风气将大为改观，人人也将从中获取便利，还有金钱无法购买的尊严！

社会诚信，除了制度还要有"温度"

记者新近在沪郊金山的红十字志愿者服务队采访，听到不少造血干细胞捐献者的感人故事。最突出的就是"诚信"两个字。来之不易的配对成功，背后就是"重生"的宝贵机会，"重然诺"实实在在带上了人性的"温度"。

社会诚信，涉及社会方方面面，某种程度上可谓"社会的基因"。健康的市场经济，诚信是基石；人与人的交往与合作，诚信是基础。如今，社会处于转型期，失信失范的社会现象不断出现：违规排放、违规添加、假冒伪劣、学术不端。怎么办？社会呼吁要建立诚信体系和制度，让失信付出更大的代价，让人不敢作假。这是对的。但除了制度，还要有"温度"，就是要让人性回归。

推己及人，这是最朴素的人性，也是最为深刻的诚信的"细胞"。记者在与几位造血干细胞捐献者的交谈中，感受最深的就是上面这四个字。有一位来自中石化所属上海石化储运部的捐献者，为了让百万分之一几率的配对不至于落空，下定决心让自己“减肥”，把体重减了10公斤，使得各项指标合乎标准。他的想法不复杂：“试想想，如果自己是那个受捐者，好不容易盼到了希望，最后没有成功，那有多失望啊！”这就是人性，很简单，但很动人。

记得曾经看到过一个故事，以前有一位中国商人向西洋客商船运中国货物，海上遇到大风浪，船倾覆了。在西洋人的观念里，这是不可抗力。但是第二年，中国商人的货诚信地到达了，让西洋客商吃惊之余佩服中国人的信用。

中国传统学问“百家争鸣”，其实本根是相通的，立诚立信是“大道之大者”。这应该是每个中国人的梦想，这才是我们要找的“好东西”。

4 两种声音为何“泾渭分明”？
——聚焦中国公务员加薪争议

一边是公务员为收入低“吐苦水”，一边却是公众对其“优厚福利”大“吐槽”——公务员收入陷入如此尴尬的境地，究其原因，关键在于公务员收入不够规范透明。弥合双方的分歧，根本之策在于改革公务员工资制度，不能再让人“雾里看花”。只有完善公务员工资制度，规范其福利待遇，才能杜绝“腐败福利”，也是消除公众对公务员收入不信任的必要手段，这对于构建科学合理、公平公正的分配体系具有极大的促进作用。

三个公务员的工资账本

公务员收入到底有多高，隐性福利有多少，是收入高还是稳定体面让公务员成为职场骄子？记者日前采访了三名公务员，分别来自国家、省、市三级政府部门，他们晒荷包，说福利，谈期待，让公众从另一个侧面了解这个身边的群体。

收入“高”度不够

辽宁省某市的处级干部华苏每月拿到手的薪水5000多元，其中包括1000多元交通、通讯等补贴。

华苏说，这个收入高不高，要看怎么比。如果纵向与历史比，公务员工资翻了几番。华苏参加工作27年，刚开始收入仅有两三百元。如果和当地社会平均工资比，5000多元的收入也不算低，算是中高收入。但如果横向和发达地区同级别公务员比，这个收入就不算高。

“我干了20多年收入还可以，但对于入职时间不长、级别不高的同单位的公务员来说，每月拿到手的收入也就3000多元。”华苏说，这个收入就显得并不高甚至有些低了。

33岁的国家某部委正科级公务员张然对此显然深有体会。“在北京每个月把房补、交通补贴等全算上5400元。你说算是高收入吗?”张然说，国庆、中秋没有过节费，年终奖就是第13个月工资，1900元左右。

江苏省某省级机关副科级公务员赵勇每月到手收入4950元。“这个收入在南京只能算得上中档。”赵勇说，甚至要比南京市的区级公务员还要低一截。省级公务员自从2006年工资阳光化之后，非常透明。

隐性福利日渐稀薄

这三位来自不同层级单位的公务员表示，从“八项规定”到纠正“四风”，公务员的隐性福利越来越稀薄。

华苏说，2014年元宵节连袋汤圆都没有发。从去年开始，逢年过节发点东西的福利都取消了，下基层去调研吃饭也不上烟酒，更没有什么土特产。“作为机关单位，可能唯一保留的福利就算是食堂了，但也不是免费。”

一顿饭几元钱，对于“硕果仅存”的福利，张然能想到的就是食堂。“福利分房没有了，经济适用房遥遥无期，机会渺茫，工作不到10年根本不要想。”张然说，“北京房租这么贵，我的收入一半多都交房租了。”

“中秋节没有月饼，端午节也没有粽子。”赵勇认为仅存的隐性福利与单位、岗位、职位有一定联系。例如，教育厅的公务员孩子入托入学可能会好办，卫生厅的公务员看病可能会方便些。“但这根本算不上福利，毕竟生活那么多事情还要靠自己解决。”

对于中央出台“八项规定”等一系列政策，三名公务员一致认为，这对于公务员群体来说都是减负减压。“大吃大喝、滥发礼品纪念品，对这些歪风邪气心存怀念的，要扪心自问，是否对得起公务员这个称号和岗位。”

从“好看又好吃”到“好看不好吃”

采访中，有受访对象告诉记者，如果把公务员比作一种水果，以前可以说好看又好吃，现在则是好看却并不好吃。

“所谓的‘五加二、白加黑’，说的就是公务员。”负责信访工作的华苏告诉记者，周末节假日加班就是家常便饭。“也没啥加班费，单位给的交通补贴，忙起来倒贴也是常事。”

在办公室工作的张然负责文件管理以及公文运转等。“加班就是领导一句话，从来没有加班费。”张然说，公务员的工作量很难像销售人员那样去衡量。“我有个同事，辞职去了金融企业，年薪涨了10倍。”

收入不高，工作强度大，为什么没有出现“下海”潮呢？赵勇说，虽然工资待遇没有吸引力，但工作稳定，不用提心吊胆被“炒鱿鱼”。况且，大多公务员没有缴纳社保，转行很难衔接；舍弃多年的工作经验从头再来，机会成本太大。

张然表示，公务员仍是一份受人尊重的工作。“从某种程度上，心理上的优越感和满足感会弥补收入待遇的不足。进入这支队伍，没有人会轻言放弃。”

这三位公务员认为，现在从中央到地方，对公务员的要求越来越严，群众对基层政府的要求也越来越高，这导致公务员队伍的工作压力越来越大。

“公务员需要调整自己的心态，与其怨天尤人，不如干好本职工作，对得起报酬和岗位。同时，也希望国家能够建立起公务员工资的增长机制，能够与经济发展和物价上涨有所衔接。”华苏说。（注：文中公务员为化名）

公务员“哭穷”被“吐槽”的背后

中央八项规定的出台和反“四风”的开展，让社会风气焕然一新。随之而来是部分公务员“叫苦不迭”，认为自己工资太低，晒起了工资条。然而，同情声甚少，“吐槽”颇多。这种现象也成为2014年全国两会代表委员热议的话题。

破除“隐性福利”方知收入不高?

哭“穷” 新华社发 徐骏 作

“据我所知，公务员的工资真心不高，但津补贴不少，因此收入也不能算低。”全国政协委员何伟说，“当然，我说的是光明正大的合法收入，不包括那些‘隐性福利’。”

以国家某部委的公务员王然为例，33岁的他正科3年，月收入5400元左右，年收入大约6.7万元。其中，工资只有1900元左右，其他都是津补贴。“津补贴中大头是房补，每月1000元。”王然告诉记者。

何伟委员表示，津补贴占公务员合法收入的大头本身就是一个很“奇特”的现象，更为关键的是津补贴不透明，有时工资条连公务员自己都搞不明白——这个月多一项这个，下个月多一项那个。

公务员“哭穷”被“吐槽”，原因何在？

为什么一提到公务员涨工资就引发质疑？就是因为公务员既有显性收入又有隐形收入，这让老百姓不信任。

——全国人大代表、重庆市九龙坡区教委副主任刘希娅

公务员拿着国家的工资，就要为人民群众办事，有的公务员连这样天经地义的事情都不做，“哭穷”不被“吐槽”才怪哩！

——全国人大代表熊维政

一些津补贴更是巧立名目——某机关单位仅通讯费就设置了“住宅公务电话包干费”“无线通讯工具补贴”“通讯补贴”“特殊通讯费”四个补贴项目——只是埋怨工资不高，闭口不谈津补贴，难免遭人质疑。

当然，大部分公务员即便加上津补贴，收入也不高。而除了不规范的津补贴，网友还“吐槽”称，公务员衣食住行都不用花钱，“连卫生巾都发”，收入即便中等日子照样很滋润。

全国政协委员胡汉平说，这种现象的确存在，而且往往出现在拥有审批权、执法权、征收权、罚没权的部门。对此，公务员群体的意见也很大。“同一个地区，不同部门待遇差距很大，甚至相同部门不同岗位待遇差距也很大。”胡汉平委员说。

何伟委员表示，八项规定的出台和反“四风”的开展，公务员乱发津补贴的现象得到规范，公款吃喝、公款旅游、公车私用等“隐性福利”很大程度上的得到遏制。“由此看来，部分公务员被破除‘隐性福利’后才知道自己收入不高，引来网友‘吐槽’也在情理之中。”

特权不改，隔阂何以消除?

“很多公务员享受公费医疗，不缴纳养老保险退休金反而很高，这些也是公务员一‘哭穷’就被‘吐槽’的重要原因之一。”全国人大代表、宝丰县闹店镇法庭庭长朱正栩说。

这位代表认为，一方面，这些待遇折合成现金本身恐怕不低；更为关键的是，尽管其形成有着种种复杂的原因，但结果却是产生了一种类似公务员集体“脱离群众”的感觉。

“这样那样的‘特权’是造成公务员群体与其他群体产生隔阂的深层次原因之一。”朱正栩代表说。

应该看到，长期以来，我国一直致力于推进公务员社会保障各方面的改革，然而由于种种原因，给人的感觉总是“雷声大、雨点小”。

“除了特权，更受人诟病的就是贪污腐败，即便只是个别现象，却着实是‘一颗老鼠屎坏了一锅汤’。”全国人大代表、河南羚锐制药股份有限公司董事长熊维政说。

王然表示，自己理解针对公务员的“吐槽”，但也希望网友不要以偏概全。“90％以上的公务员其实就是职员，不是‘当官的’，更没机会贪污腐败。”王然说，“而且，大部分公务员对那些‘表叔’‘房婶’也是深恶痛绝。”

增强互信，应回归“在其位、谋其政”

除了上述因素，公务员要求加薪却被“吐槽”的另一重要原因就是“不作为”和“乱作为”。

农民工讨薪被各部门推来推去，小伙子办个护照遭遇百般刁难，城管打小贩“花样迭出”，媒体电话举报卖淫嫖娼却无人出警……

“从小了说，公务员拿着国家的工资，就要为人民群众办事，有的公务员连这样天经地义的事情都不做，‘哭穷’不被‘吐槽’才怪哩！”熊维政代表说，“从大了说，公务员应该全心全意为人民服务，有些不但不服务，还变着法刁难人，这简直是欺人太甚！”

全国人大代表马文芳认为，这些“小事”积累起来贻害无穷，尤其是在网络发达的时代，被迅速传播后，不但影响干群关系，更败坏政府形象。特别是一些部门和地方政府或是避而不答，或是遮遮掩掩，有的甚至弄虚作假，到头来只会更加破坏政府的公信力。

与这种对老百姓“不作为”“乱作为”形成鲜明对比的是，一些部门对行政审批事项“常抓不懈”。说到底，还是利益因素在“作祟”。

记者采访的代表委员普遍认为，公务员“晒工资”遭“吐槽”，其背后有着深刻而复杂的原因。公众绝非仅是盯着公务员的工资，而是期待着公务员回归“在其位、谋其政”。

公务员加薪，两种声音为何“泾渭分明”?

针对公务员……资，两种声音“泾渭分明”：一方观点认为，……津贴足够保障公务员过上体面生活，没……花”；另一方则认为，身处基层的公……遇低得“难以启齿”，至于外界猜测

“薪”愿　　新华社发 蒋跃新 作

在涨工资成为普遍诉求的社会背景下，公务员工资为何备受关注？公务员应该加薪吗？政府工作报告提出，改革机关事业单位工资制度。一些代表委员就“公务员工资改革”提出了相关建议。

公务员薪资高还是低？

云南省勐海县布朗山乡乡长赛勐算了一笔账：一个月拿到手的工资是2984元，最近在县城买了一套商品房，总价30万元，贷款20多万元，每月还贷压力巨大。“由于收入低，很多年轻人来乡镇干一两年，就走掉了。我觉得国家应该对表现优秀的基层公务员进行奖励。”赛勐说。

全国人大代表、重庆市律师协会会长韩德云说：“从国家治理角度看，公务员收入应略高于社会平均收入水平。但实际上，不同区域、岗位的公务员工资差异大，尤其是中西部地区和一线岗位的收入水平偏低。”

全国人大代表、重庆市九龙坡区教委副主任刘希娅认为，公务员整体收入水平不高。“为什么一提到公务员涨工资就引发质疑？就是因为公务员既有显性收入又有隐形收入，这让老百姓不信任。”刘希娅说。

为啥公务员就不敢理直气壮要求涨工资？

禁吃请，禁送礼，禁发年货……随着一项项禁令出台，人们听到了公务员“为官不易”的叹息，也似乎印证了某种“猜测”——公务员除了工资外，还有隐性福利和灰色收入。

全国政协委员、南京大学教授高抒说：“老百姓不相信网上‘晒’的公务员工资单，很多时候质疑的并非工资单上的数字，而是依附在公权力上的隐性福利甚至灰色收入。比如，有些机关单位，一顿工作餐只要1块钱。”

全国人大代表、云南省昆明市第一职业中专学校教师李光惠认为，八项规定挤掉了公务员的灰色收入“水分”，由此要建立起科学的考评机制，不再吃“大锅饭”，要通过量化考核提高公务员的办事效率。

刘希娅代表说：“公务员本来就不应成为发家致富的职业。一系列禁令的出台，不仅大幅压缩了公务员的灰色收入，而且也使公务员的职业价值回归本位。”

堵漏洞和加薪水是否冲突?

全国人大代表、云南省昆明市家乐福超市有限公司工会主席陈科含提出，堵住公务员灰色福利的漏洞和打开科学合理的加薪通道应并行不悖。

韩德云代表认为，公务员管理要权责对等，权力运行要公开透明。在目前我国社会保障尚不完善的情况下，可以考虑给一些偏远地区、条件艰苦的公务员提高收入。

全国人大代表、江苏省淮阴中学校长张元贵说：“公开透明是公务员涨工资的前提。要明确公务员的权责利。不能工资涨了，临时工照用，服务也没改进。”

公务员收入不能再“雾里看花”

一边是公务员为收入低“吐苦水”，一边却是公众对其“优厚福利”大“吐槽”——公务员收入陷入如此尴尬的境地，究其原因，关键在于公务员收入不够规范透明。

弥合双方的分歧，根本之策在于改革公务员工资制度，不能再让人“雾里看花”。

尽管公务员工资“明码标价”，但津补贴却名目繁多，且参差不齐——有调查显示，有的地方津补贴多达百余项。

近年来，国家已多次强调禁止违规发放津贴补贴，有关部门也出台了相应的规定，但敢于触碰“红线”者屡见不鲜，违规发放津补贴的行为并未从根本上得到治理。

> **媒体评论：**
> 公务员薪酬、待遇是否属于公开内容，有待明确。但在法治思维、权力规范的要求下，不妨多一点“解密”。这样，即便要给公务员涨工资，也可以理直气壮，公众自会持理性态度和公允立场。事实上，信息越公开，权力越容易归位，也越容易取得公众理解乃至信任。

只有完善公务员工资制度，规范其福利待遇，才能杜绝“腐败福利”，也是消除公众对公务员收入不信任的必要手段，这对于构建科学合理、公平公正的分配体系具有极大的促进作用。

公务员工资制度的完善，一方面要规范公务员薪酬待遇，另一方面也要促进公务员队伍建设。因此，要科学合理地制定激励机制，建立工资正常调整机制，使公务员工资水平与经济社会发展水平相适应。

此外，对于有必要的津补贴要制定相应标准，不合理的则要坚决砍去。同时，要明确公务员津补贴与工资的比例，并将其纳入监管范围。

5 中国特色新型城镇化道路怎么走？
——解读《国家新型城镇化规划（2014—2020年）》

我国首部城镇化规划——《国家新型城镇化规划（2014—2020年）》是一部指导我们走中国特色新型城镇化道路的纲领性文件，内容全面丰富，总结并吸取了国内外城镇化工作的经验教训，指导性强，意义深远。这部规划有哪些亮点？对我国经济社会发展有哪些重要影响？对我国城镇化进程将产生怎样的作用？亿万农业转移人口如何落户城镇？怎样让亿万农民工安居乐业？本文将对此进行全面解读。

中共中央、国务院印发《国家新型城镇化规划（2014—2020年）》

2014年3月16日，中共中央、国务院正式公布《国家新型城镇化规划（2014—2020年）》（以下简称《规划》），并发出通知，要求各地区各部门结合实际认真贯彻执行。

通知指出，《规划》是今后一个时期指导全国城镇化健康发展的宏观性、战略性、基础性规划。城镇化是现代化的必由之路，是解决农业农村农民问题的重要途径，是推动区域协调发展的有力支撑，是扩大内需和促进产业升级的重要抓手。制定实施《规划》，努力走出一条以人为本、四化同步、优化布局、生态文明、文化传承的中国特色新型城镇化道路，对全面建成小康社会、加快推进社会主义现代化具有重大现实意义和深远历史意义。

> **专家点评：**
> 这是一部指导我国走新型城镇化道路的纲领性文件，内容全面丰富，总结并吸取了国内外城镇化工作的经验教训，指导性强，意义深远。
> ——中国国际经济交流中心信息部部长徐洪才

通知要求，各级党委和政府要进一步提高对新型城镇化的认识，全面把握推进新型城镇化的重大意义、指导思想和目标原则，切实加强对城镇化工作的指导，着重解决好农业转移人口落户城镇、城镇棚户区和城中村改造、中西部地区城镇化等问题，推进城镇化沿着正确方向发展。各地区各部门要科学规划实施，坚持因地制宜，推进试点示范，既要积极、又要稳妥、更要扎实，确保《规划》提出的各项任务落到实处。

引领我国城镇化健康发展的纲领性文件

全文3万多字，共计30多章的《国家新型城镇化规划（2014—2020年）》对我国经济社会发展有哪些重要影响？对我国城镇化进程将产生怎样的作用？这部规划有哪些亮点？记者就此采访了有关部门和专家。

顶层设计具有很强的权威性和指导性

“这是一部指导我国走新型城镇化道路的纲领性文件，内容全面丰富，总结并吸取了国内外城镇化工作的经验教训，指导性强，意义深远”。中国国际经济交流中心信息部部长徐洪才说。

他说，为了避免走弯路，这份文件认真总结了我国近年来城镇化的经验教训，包括：土地城镇化快于人口城镇化，建设用地粗放低效；城市管理服务水平不高，“城市病”问题日益突出等。

这份文件详细剖析了建设用地粗放低效等问题：一些城市“摊大饼”式扩张，过分追求宽马路、大广场，新城新区、开发区和工业园区占地过大，建成区人口密度偏低；一些地方过度依赖土地出让收入和土地抵押融资推进城镇建设，加剧了土地粗放利用，浪费了大量耕地资源，威胁到国家粮食安全和生态安全，也加大了地方政府性债务等财政金融风险；一些城市“城市病”问题日益突出：交通拥堵问题严重，公共安全事件频发，城市污水和垃圾处理能力不足，大气、水、土壤等环境污染加剧。

推进以人为核心的城镇化是最大亮点

在徐洪才看来，这部规划最大的亮点是强调以人为本，推进以人为核心的城镇化。

他说，这部规划提出保障随迁子女平等享有受教育权利、完善公共就业创业服务体系、扩大社会保障覆盖面、改善基本医疗卫生条件、拓宽住房保障渠道等一系列举措，推进农业转移人口享有城镇基本公共服务，并要求创新体制机制，建立健全农业转移人口市民化推进机制。

“文件围绕农业转移人口的市民化着墨很多，这体现了以人为本的精神，有利于解决城乡二元分割、‘土地城镇化’等一系列问题。”他说。

谈到规划强调城镇化必须和信息化、工业化和农业现代化同步推进时，他说：城镇化不能孤军深入，没有产业支撑，城镇发展就难以持续健康发展，就会出现“睡城”、“鬼城”和底特律现象；农业是基础，农业现代化事关粮食安全。信息化则关系到城镇化能否健康发展。

保持经济持续健康发展的强大动力

世界银行前副行长、诺贝尔经济学奖得主斯蒂格利茨多次表示，美国的高科技与中国的城镇化是拉动未来世界经济增长的两大引擎。对此，徐洪才认为，中国的城镇化不仅是中国经济社会发展的强大动力，对世界也是一大机遇。

徐洪才说，目前我国常住人口城镇化率为53.7%，户籍人口城镇化率只有36%左右，不仅远低于发达国家80%的平均水平，也低于人均收入与我国相近的发展中国家60%的平均水平，还有较大的发展空间。随着我国城镇化水平持续提高，大、中小城市建设将需要修建铁路、公路等交通设施、以及电力、燃气、自来水和污水处理等基础设施，这意味着创造大量投资需求和就业机会。

常住人口城镇化率与户籍人口城镇化率的差距

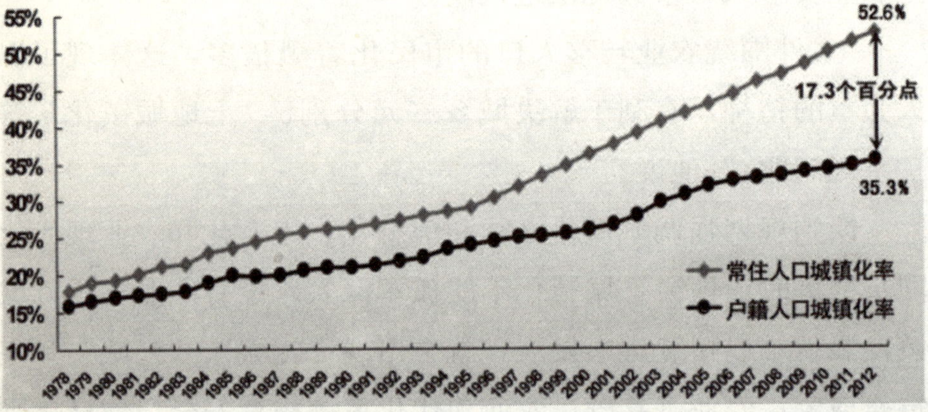

他说，同时，亿万农民通过转移就业提高收入，通过转为市民享受更好的公共服务，从而使城镇消费群体不断扩大、消费结构不断升级、消费潜力不断释放，这也会带来城市基础设施、公共服务设施和住宅建设等巨大投资需求，为经济发展提供持续的动力。

量力而行　扎实推进

规划提出了积极稳妥扎实有序推进城镇化的要求和目标。例如："常住人口城镇化率达到60%左右，户籍人口城镇化率达到45%左右。"对此，徐洪才认为这体现了中央量力而行，实事求是的态度。

根据规划，我国将有序推进农业转移人口市民化，按照尊重意愿、自主选择，因地制宜、分步推进，存量优先、带动增量的原则，以农业转移人口为重点，兼顾高校和职业技术院校毕业生、城镇间异地就业人员和城区城郊农业人口，统筹推进户籍制度改革和基本公共服务均等化。

规划还明确“各类城镇要健全农业转移人口落户制度，根据综合承载能力和发展潜力，以就业年限、居住年限、城镇社会保险参保年限等为基准条件，因地制宜制定具体的农业转移人口落户标准，并向全社会公布，引导农业转移人口在城镇落户的预期和选择。”

国家发展和改革委员会主任徐绍史表示，新型城镇化是个长期的历史过程，不可能一蹴而就。

强调生态文明　注重城镇化质量

徐洪才认为，规划高度重视生态文明和城镇化质量，提高市民生活品质。

为确保城市发展模式科学合理，规划突出城镇化要体现生态文明、绿色、低碳、节约集约等要求，明确提出将“密度较高、功能混用和公交导向的集约紧凑型开发模式成为主导”，人均城市建设用地严格控制在100平方米以内，建成区人口密度逐步提高；绿色生产、绿色消费成为城市经济生活的主流，节能节水产品、再生利用产品和绿色建筑比例大幅提高；城市地下管网覆盖率明显提高。

对此，中国社科院城市和环境研究所所长潘家华建议，各地在建设低碳生态城市时要避免“伪低碳”：一些城市为了提

绿色城市建设重点	
01	**绿色能源** 推进新能源示范城市建设和智能微电网示范工程建设，依托新能源示范城市建设分布式光伏发电示范区。在北京地区城镇开展风电清洁供暖示范工程。选择部分县城开展可再生能源热利用示范工程，加强绿色能源县建设。
02	**绿色建筑** 推进既有建筑供热计量和节能改造，基本完成北方采暖地区居住建筑供热计量和节能改造，积极推进夏热冬冷地区建筑节能改造和公共建筑节能改造。逐步提高新建建筑能效水平，严格执行节能标准。积极推进建筑工业化、标准化，提高住宅工业化比例。政府投资的公益性建筑、保障性住房和大型公共建筑全面执行绿色建筑标准和认证。
03	**绿色交通** 加快发展新能源、小排量等环保型汽车，加快充电站、充电桩、加气站等配套设施建设，加强步行和自行车等慢行交通系统建设，积极推进混合动力、纯电动、天然气等新能源和清洁燃料车辆在公共交通行业的示范应用。推进机场、车辆、码头节能节水改造，推广使用太阳能等可再生能源。继续严格实行运营车辆燃料消耗量准入制度，到 2020 年淘汰全部黄标车。
04	**产业园区循环化改造** 以国家级和省级产业园区为重点，推进循环化改造，实现土地集约利用、废物交换利用、能量梯级利用、废水循环利用和污染物集中处理。
05	**城市环境综合整治** 实施清洁空气工程，强化大气污染综合防治，明显改善城市空气质量；实施安全饮用水工程，治理地表水、地下水，实现水质、水量双保障；开展存量生活垃圾治理工作；实施重金属污染防治工程，推进重点地区污染场地和土壤修复治理。实施森林、湿地保护与修复。
06	**绿色新生活行动** 在衣食住行游等方面，加快向简约适度、绿色低碳、文明节约方式转变。培育生态文化，引导绿色消费，推广节能环保型汽车、节能省地型住宅。健全城市废旧商品回收体系和餐厨废弃物资源化利用体系，减少使用一次性产品，抑制商品过度包装。

高土地利用率，计划建超高层大楼，但把每吨水从地面提升到几百米高的楼层，需要消耗大量的化石能源，这是虚假的集

约、低碳。真正的低碳城市应该是良好的环境质量和生态、便捷舒适的交通系统、适合居住的绿色建筑、健康理性的生活方式。

为使城市生活和谐宜人，规划要求稳步推进义务教育、就业服务、基本养老、基本医疗卫生、保障性住房等城镇基本公共服务覆盖全部常住人口，消费环境更加便利，生态环境明显改善，空气质量逐步好转，饮用水安全得到保障。

六部委负责人谈新型城镇化规划

我国首部城镇化规划——《国家新型城镇化规划（2014—2020年）》有哪些亮点？亿万农业转移人口如何落户城镇？怎样让亿万农民工安居乐业？2014年3月19日，参与制订这个规划的国家发改委、住建部、人社部、财政部、公安部、国土部等六部委有关负责人在国务院新闻办举办的新闻发布会上回答了记者的问题。

粗放扩张老路行不通　走新型城镇化道路

“现在城镇化发展正处于一个重要关口，质量不高、粗放扩张的老路已经走不通了，必须走出一条新路。”国家发改委副主任徐宪平说。

他认为规划强调以人为本，有序推进农业转移人口市民化是一大亮点。“去年我国城镇人口有7.3亿，其中包含2亿多

新型城镇化主要指标

指　　标	2012年	2020年
常住人口城镇化率（%）	52.6	60左右
户籍人口城镇化率（%）	35.3	45左右
基本公共服务		
农民工随迁子女接受义务教育比例		≥99
城镇失业人员、农民工、新成长劳动力免费接受基本职业技能培训覆盖率（%）		≥95
城镇常住人口基本养老保险覆盖率（%）	66.9	≥90
城镇常住人口基本医疗保险覆盖率（%）	95	98
城镇常住人口保障性住房覆盖率（%）	12.5	≥23
基础设施		
百万以上人口城市公共交通占机动化出行比例（%）	45*	60
城镇公共供水普及率（%）	81.7	90
城市污水处理率（%）	87.3	95
城市生活垃圾无害化处理率（%）	84.8	95
城市家庭宽带接入能力（Mbps）	4	≥50
城市社区综合服务设施覆盖率（%）	72.5	100
资源环境		
人均城市建设用地（平方米）		≤100
城镇可再生能源消费比重（%）	8.7	13
城镇绿色建筑占新建建筑比重（%）	2	50
城市建成区绿地率（%）	35.7	38.9
地级以上城市空气质量达到国家标准的比例（%）	40.9	60

注：①带*为2011年数据。

②城镇常住人口基本养老保险覆盖率指标中，常住人口不含16周岁以下人员和在校学生。

③城镇保障性住房：包括公租房（含廉租房）、政策性商品住房和棚户区改造安置住房等。

④人均城市建设用地：国家《城市用地分类与规划建设用地标准》规定，人均城市建设用地标准为65.0—115.0平方米，新建城市为85.1—105.0平方米。

⑤城市空气质量国家标准：在1996年标准基础上，增设了$PM_{2.5}$浓度限值和臭氧8小时平均浓度限值，调整了PM_{10}、二氧化氮、铅等浓度限值。

农民工及其家属。农民工已经成为我国产业工人的主体，但是他们未能享受城镇居民的待遇”。

徐宪平说，规划提出要统筹推进户籍制度改革与基本公共服务均等化，通过实施差别化的落户政策，把有能力、有意愿、长期在城镇务工经商的农民工及其家属逐步转为城镇居民。通过实施居住证制度，使在城镇就业居住但未落户的城镇常住人口能够享受相应的城镇基本公共服务。规划首次提出常住人口城镇化率和户籍人口城镇化率两个指标。

规划还提出了新型城镇化必须遵循的其他原则：必须深入推动新型城镇化与新型工业化、信息化和农业现代化同步发展；优化城市布局，促进大中小城市和小城镇协调发展；注重生态文明；注重文化传承，彰显城市的特色和个性；推动制度改革，形成有利于城镇化健康发展的体制机制。

优化城市布局　促进绿色发展

我国东部地区京津冀、长三角、珠三角三大城市群，以2.8%的国土面积集聚了18%的人口，创造了36%的国内生产总值，但现在面临的生态环境压力和国际竞争压力在加大，需要调整优化转型升级。

为此，规划提出，在中西部资源环境承载能力较强的地区，要培育发展若干新的城市群，如成渝、中原、长江中游、哈长城市群等城市群，培育区域新的增长极。通过加强综合交通网络和信息网络的连接，加强产业和公共资源布局的引导，适当疏散转移特大城市的经济功能和其他功能，增强城市群内中小城市和小城镇集聚经济、人口的能力。在发挥中心城市辐射带动作用的同时，加快中小城市的发展，有重点地发展小城镇。

国土资源部副部长王世元说，为保护耕地和生态环境，将严格控制建设用地的发展规模。下一步，要逐步减少新增建设用地计划指标。2014年计划指标要有所下降，重点控制东部地区，尤其是京津冀、长三角、珠三角三个城市群的新增建设用地规模；将节约集约用地作为推进城镇化转型发展的关键和核心任务。

徐宪平说，规划强调生态文明，就是要着力推进绿色发展、循环发展、低碳发展；节约集约利用水、土地、能源等资源，强化生态修复和环境治理，推进绿色城市、智慧城市的建设；推动形成绿色低碳的生产生活方式和城市建设运营管理模式，尽可能地减少对自然的干扰，尽可能地降低对环境的损害。

帮助一亿左右农业转移人口落户城镇安居乐业

规划提出“努力实现1亿左右农业转移人口和其他常住人口在城镇落户”。

对此，公安部副部长黄明说，最近公安部会同国家统计局，对户籍改革的政策进行研究测算。“我们认为这个目标，包括1亿左右的人落户城镇，是符合实际的，也是切实可行的”。实现上述目标不仅要依靠户籍政策的调整，还要依靠城镇化建设的健康发展，尤其是加快中小城市和建制镇的建设发展，依靠与户籍制度相配套的相关政策，包括基本公共服务均等化的落实到位。

“规划提出对落户农民要实现住房保障的全覆盖，把符合落户城市住房保障条件的农民家庭全部纳入到住房保障范围。另外，规划提出要逐步实现基本公共服务常住人口全覆盖。”住房城乡建设部副部长齐骥说。

为帮助农民工顺利就业，人力资源社会保障部副部长杨志明说，我国将加大农民工技能培训的力度，解决技工短缺的问题；大力发展第三产业、中小企业、劳动密集型产业，解决农民工就业需求持续增长的问题；扶持有条件的农民工返乡创业；发挥全国就业信息网的作用，解决农民工跨地区就业信息互联互通的问题。

他说，我国将每年培训一千万农民工，到 2020 年使每个农民工都可以得到一次政府补贴的技能培训；每年向 1000 万在岗农民工提供技能提升培训，使大多数农民工由普工成长为新型技工。中国特色的农业劳动力转移具有就业带动、保留地权、渐进落户的特点。

创新体制提供资金保障

在谈到推进城镇化钱从哪里来的问题时，财政部副部长刘昆说，“我们要加快财税体制和投融资机制的改革，创新金融服务，放开市场准入，逐步建立多元化可持续的资金保障机制。”

“在推动农业转移人口市民化方面，目前财政部已经完善均衡性转移支付办法，在测算各地区标准财政支出时适当考虑外来人口的因素，以解决流动人口带来的迁入迁出地公共服务保障规模不相匹配的问题。我们下一步还将按照三中全会《决定》精神和规划的有关内容，落实好建立财政转移支付同农业转移人口市民化挂钩机制的要求，进一步完善财政转移支付制度，推动城镇社会保障、医疗卫生、教育、文化等基本公共服务均等化和全覆盖”。他说。

刘昆说，财政部将重点加大地方政府债券支持城镇化建设的力度，依法赋予地方政府适度举债权限，完善现行的地方政府债券制度，探索一般债券与专项债券相结合的地方政府举债融资办法；推广使用政府与社会资本合作的模式，政府通过特许经营权、合理定价、财政补贴等公开透明方式，事先明确收益成本机制，吸引社会资本参与城镇基础设施建设。

6 技术原因还是利益阻碍？
——聚焦全国住房信息联网推进迟缓

最新发布的《国家新型城镇化规划（2014—2020 年）》提出要实现全国住房信息联网，舆论普遍认为“6 年太久，应只争朝夕”；事实上，2010 年就开始启动的全国住房信息联网屡屡“难产”，并非只是技术原因，更多在于利益阻碍。专家指出，国家若掌握完整的数据信息，可以为楼市调控提供参考，真正看清楚楼市的问题所在，从而制定更合适的房地产相关调控政策，实现科学管理；而且，这项工作越早进行，对我国的经济安全和社会稳定都越有利。

全国住房信息联网进程回顾

2014 年 3 月 16 日，《国家新型城镇化规划（2014—2020 年）》公布，提出“建立以土地为基础的不动产统一登记制度，实现全国住房信息联网，推进部门信息共享”，6 年内要实现全国住房信息联网。其实，这不是全国住房信息联网的首次提出。

从2010年开始，全国个人住房信息系统联网工作就已经启动，但进程缓慢，阻碍多多。

2011年，国务院办公厅关于加强房地产市场调控文件提出要建设城镇个人住房信息系统。住建部第一期提出要求40个重点城市在2012年年底建成“本城市的数字化住房个人信息系统”，进而实现这40个城市与住建部的联网。

> **专家观点：**
>
> 对国家而言，住房信息联网十分必要。从宏观调控的角度来说，需要真实完整的数据支持，但这确实会触及一部分人的利益，比如房产来源不明的官员、对土地财政和房地产市场高度依赖的地方政府等。
>
> **——复旦大学社会科学基础部副教授邵晓莹**

2013年上半年，基本实现了全国40个房地产市场重点监测城市与住建部的联网，但对于存量房的登记尚未完成。

同年，国务院在有关加强房地产市场调控的通知（国五条）中，提出要在“十二五”末设区城市基本实现全国个人住房信息系统联网。

2013年11月，国务院常务会议决定，将分散在多个部门的不动产登记职责整合由国土资源部承担，要求建立不动产登记信息管理基础平台，推动建立不动产登记信息依法公开查询系统。其中就包括最为公众关心的住房统一登记。

国土部相关负责人在今年全国两会期间表示，将在6月前出台不动产统一登记条例，建立不动产部际联席会议制度和不动产信息共享平台。

2014年3月26日，不动产登记工作第一次部际联席会议召开，提出用3年左右时间全面建立不动产统一登记制度；用4年左右时间，运行统一的不动产登记信息管理基础平台，实现不动产审批、交易和登记信息实时互通共享以及依法查询，形成不动产统一登记体系。

为什么全国住房信息联网推进迟缓

最新发布的《国家新型城镇化规划（2014—2020年）》提出要实现全国住房信息联网，舆论普遍认为“6年太久，应只争朝夕”；事实上，2010年就开始启动的全国住房信息联网屡屡“难产”，并非只是技术原因，更多在于利益阻碍。

住建部最新数据显示，2013年上半年，我国基本实现全国40个房地产市场重点监测城市与住建部的联网，目前各地正加紧将以前纸质的住房个人信息录入信息系统。

记者采访了解到，尽管有关部门一直在强调建设的难度和复杂程度，但多数业内人士认为，从技术手段来说，住房信息联网并不复杂，将纸质信息录入数据虽然庞大，但也难以成为一拖再拖的理由。江苏省一位不愿透露姓名的地方房产局官员表示，地方出于种种原因的不配合甚至抵制，才是全国住房信息联网系统一再“难产”的主因。

近年来“房叔”“房姐”不断被曝光，令公众对个人住房信息联网的建成有了更多期待。记者随机采访多位市民，他们认为这一系统不仅可以一定程度上抑制异地炒房等现象，更有可能成为反腐利器，使得官员来源不明的多套房无所遁形。

> **个别官员反应：**
> 这件事（全国住房信息联网）对地方而言没有什么利益可言，而且很多地方财政还依靠房地产，很多人手里有来路不清楚的房子，现在要让他们自己做一个系统“曝光”自己，谈何容易？
> ——一位不愿透露姓名的官员
>
> **公众反应：**
> 这一系统不仅可以一定程度上抑制异地炒房等现象，更有可能成为反腐利器，使得官员来源不明的多套房无所遁形。

公众的理解恰好可以折射出地方不配合的部分原因。记者在调查中发现，目前已经有不少官员开始着手处理手中的多套房，在苏州市吴中区，某中介公司经理张震泉向记者推介一套4室2厅的精装房，附送全套红木家具，他坦言：“这种房子光装修家具就三四十万了，虽然我们不敢确定房主是什么人，但很明显一般老百姓不会这样处理手中的房子。”

一位不愿透露姓名的官员表示，自己前些年投资了多套房产，这轮住房信息公开潮来临，虽然令他感觉到了寒意，但还不至于无路可退。这位官员直言：“这件事对地方而言没有什么利益可言，而且很多地方财政还依靠房地产，很多人手里有来路不清楚的房子，现在要让他们自己做一个系统‘曝光’自己，谈何容易？”

扬州一位公务员告诉记者，身边一些握有多套房产的官员目前很关注国家推进房产联网的消息，“现在看联网是迟早的事，现在算是缓冲期，大家私下说，也要做点准备，防止真动真格的。还有些比较谨慎的，买房时就通过用亲属姓名等方法暗度陈仓了，现在就比较安心。”

复旦大学社会科学基础部副教授邵晓莹表示，对国家而言，住房信息联网十分必要。从宏观调控的角度来说，需要真实完整的数据支持，但这确实会触及一部分人的利益，比如房产来源不明的官员、对土地财政和房地产市场高度依赖的地方政府等。

相关专家认为，国家掌握完整的数据信息，可以为楼市调控提供参考，真正看清楚楼市的问题所在，从而制定更合适的房地产相关调控政策，实现科学管理；而且，这项工作越早进行，对我国的经济安全和社会稳定都越有利。因此国家必须在这项“触动利益”的改革中明确各方责任，进一步明确责任分工，建立更切实可行的工作机制，明确进度时间表和问责机制，推动全国住房信息联网早日建成。

住房信息联网会不会引发“抛房潮”?

在部分大中城市出现了豪宅、别墅等二手房“抛售”的现象，一些高端项目动辄降价几百万元以吸引买主。与此同时，近日公布的《国家新型城镇化规划（2014—2020 年）》提出，2020 年之前要建立以土地为基础的不动产统一登记制度，实现全国住房信息联网。在国家反腐力度不断加大的背景下，二者很容易被联系在一起。

那么，住房信息联网会不会引发“抛房潮”?

不动产登记制度倒逼官员“抛房”？

记者日前来到广州市番禺区某知名楼盘。因环境优美，教育资源和生活配套设施成熟，近期，该盘的二手房交易市场格外红火。

倒逼　　新华社发　徐骏　作

据中原地产的一位业务经理介绍，该小区只是这个大型房地产项目的一部分，一共有 100 多栋别墅，10 多年前开盘时，开发商曾以“成本价”“友情价”将这些别墅卖给一些官员“关系户”等。

这位业务经理说：“按当时的发票价，一栋 200 平方米左右的别墅才 30 万元至 40 多万元，均价才 2000 多元。现在一套别墅最少七八百万元，均价达到 4 万多元每平米。”该经理表示，即便如此，该小区同等面积的别墅也普遍要比市场价低 50 万元—100 万元左右。

北京北五环外一家地产中介近期挂出“家庭内部过户免费咨询”字样的条幅。一位工作人员告诉记者，这是对投机炒房者和某些官员的“暗示”，如果未来征收房产税，或者反腐力度加大，将房产顺利过户到亲戚名下即可“逃过一劫”。海淀区万寿寺路一家中介机构的业务经理透露，“不少交易确实有官员抛房的嫌疑，他们通常要求全款交易，一次结清。有一栋别墅挂出来的价格是 3800 万元，最近卖主降了 200 万元，已经有人看上了”。

“可以分析出来，当前出现的‘抛房’情况与不动产登记和住房信息联网的推进以及反腐力度加大有一定关系。”北京航空航天大学公共管理学院教授任建明认为，“一些贪腐官员所畏惧的是，名下房产一经公示，就会引起反腐部门的注意，要求其说明巨额财产来源。”

国家行政学院教授竹立家认为，住房信息联网一方面是城镇化、现代化的需要，另一方面也能让反腐线索“浮出水面”。届时，名下的房产不能像现金一样可以藏匿，让一些官员不得不急于抛售。

“反腐”能否有助化解楼市顽疾?

近年来，从中央到地方，进一步加强反腐斗争力度，反腐也开始进入深水区。据媒体报道，当前广东省正在逐步推进官员财产公开试点，部分地方已将官员申报对象从处级扩至科级；北京、中央部分部委的处级以上的官员也正在登记房产，包括住房面积、户型、位置等细节。制度“篱笆”的扎紧，让一些拥有多套房产的官员人心惶惶，加快了处理“灰色房产”的步伐。

任建明认为，“房产与腐败之间的关系很难割裂开，从已经查处的腐败官员看，一个特点是拥有大量灰色房产。”

一些官员“抛房”也将有利于增加市场的供应。万科集团创始人王石表示，反腐也是一种调控。

任建明说，虽然目前“灰色房产”的数目还难以考证，单纯从抑制房价的角度来看，确实能够起到一定的效果。不动产登记制度间接打击了房产的腐败性需求。

联网难会否影响监督效果

根据近期下发的《国家新型城镇化规划》，2020 年之前要建立以土地为基础的不动产统一登记制度，实现全国住房信息联网。2014 年 3 月 26 日召开的不动产登记工作第一次部际联席会议提出，用 3 年左右时间全面建立不动产统一登记制度；用 4 年左右时间，运行统一的不动产登记信息管理基础平台，实现不动产审批、交易和登记信息实时互通共享以及依法查询，形成不动产统一登记体系。

记者调查了解到，国务院曾要求在 2015 年以前，所有地级以上城市原则上要实现联网，但在全国很多地方，住房信息联网进展得并不顺利。一些地方从 2013 年开始，严禁以姓名为条件进行房屋信息查询，社会公众“以人查房”的反腐监督作用受到限制。

一些分析人士担心，这有可能给一些官员“喘息期”处理“灰色房产”。

随着国家反腐力度不断加强，一些官员抛售房产的情况在短期内或将持续增加。竹立家说，在出现官员急售房产现象的时候，“向境外转移资产”的相关监测也应该进一步加强。

7 为何法官"买假"也不愿打官司？——透视中国消费维权尴尬

在消费者维权的道路上，不断高涨的维权成本依然是"拦路虎"。不破解"追回一只鸡，得杀一头牛"的维权窘境，消费者的权益保障恐怕只能停留在文件上。新的消费者权益保护法实施，仅是保护消费者的一个环节，不折不扣地执行，才能真正使消费者的正当权益得到保障。要靠执法的效力以及对违法行为的惩治来实现对消费者的保护，因为只有严格的执法才能警示各方：莫违法，违法必受罚，从而让人们对法律心存敬畏、自觉守法。

尴尬的维权之路

"我在两家大商场都买到了假洗发水，开始很生气，一直留着'假货'准备维权，可后来还是嫌麻烦，都扔掉了。"在广州市中级人民法院举行的 2014 年"3·15"专题新闻发布会上，一名法官突然“现身说法”讲起自己的经历。

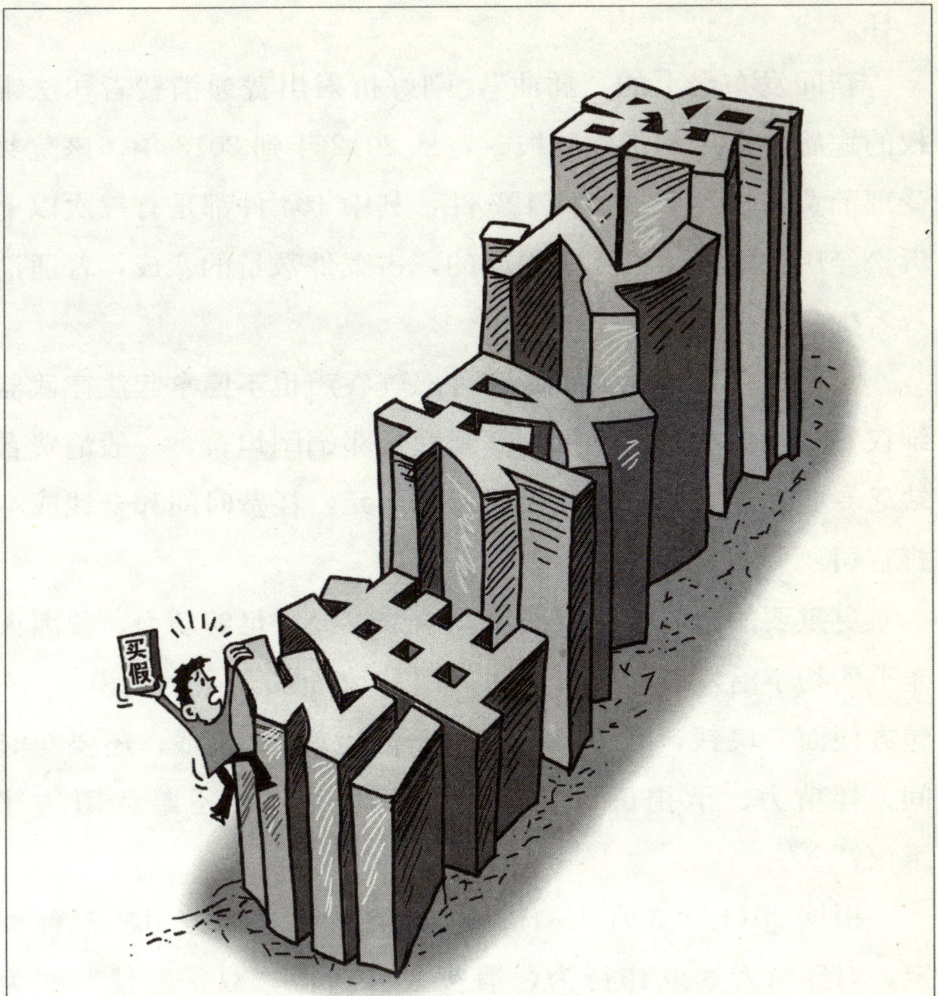

蜀道　　　　新华社发　朱慧卿　作

话音刚落，另一名法官也开始“吐槽”：“我们三口人去一家知名饭店吃饭，结果吃完都拉肚子了，要打官司吗？想想太麻烦，直接找饭店理论，最后退钱赔了200块钱了事。”

明明权益受损，却懒得打官司，知法懂法的法官也是一样。

新闻发布会上的“插曲”，刚好折射出普通消费者司法维权的尴尬。据广州市中院披露，从2012年到2013年，该院共受理消费者权益保护案件127件，其中104件都是有三次以上诉讼经历的职业维权人士提起的，占案件数量的八成，普通消费者少之又少。

为何大多数普通消费者宁可忍气吞声也不愿拿起法律武器维权？广州市中院民事审判庭副庭长邓娟闰坦言，一般消费者缺乏专业知识，很少为几元或者几十元，耗费时间和金钱成本打官司。

更重要的是，法律赔偿没能给维权提供足够动力。曾因火车上购物不给发票而状告铁路部门的律师郝劲松举例说：“一包方便面5块钱，胜诉赢得双倍赔偿也就10块钱，还要花时间、耗精力、承担诉讼费用，得不偿失，谁还愿意用法律维权？”

根据2014年3月15日施行的新消法及相关司法解释规定，对经营者的欺诈行为，消费者可获得“双倍赔偿”变为“三倍赔偿”，三倍赔偿后不足500元的，以500元作为“兜底”赔偿；销售明知是不符合安全标准的食品，消费者可以主张“10倍赔偿”，这些修改大大加重了对经营者欺诈行为的惩罚力度。

然而，一些维权人士认为，这样的惩罚仍显不足。“要使消法发挥出更大作用，必须发动群众维权。”郝劲松说，“3 倍乃至 10 倍赔偿远远不够，对于恶意生产、销售不符合安全标准产品的要设定巨额惩罚性赔款，这样既能鼓励普通消费者，又可增加违法成本，让不法之徒望而却步。”

最高人民法院回应消费维权四大热点问题

面对商家“霸气”的霸王条款，消费者该如何维权？想打官司维权，却没时间没条件，怎么办？买到假认证的食品，能否追究认证机构的责任……

新修订的消费者权益保护法和最高人民法院制定的《关于审理食品药品纠纷案件适用法律若干问题的规定》于 2014 年 3 月 15 日起施行。日前，最高人民法院民一庭副庭长程新文就这部法律和司法解释施行过程中，如何维护消费者权益，回答了有关提问。

可请求法院认定“霸王条款”无效

【维权难点】在超市买了一盒打折鸡蛋，回家一看都变质了，找他们理论，对方却指着墙上的告示说，我们已经说明了打折商品不退不换。如何维权？

【消费者权利】新消法：经营者不得以格式条款、通知、声明、店堂告示等方式，作出排除或者限制消费者权利、减轻或者免除经营者责任、加重消费者责任等对消费者不公平、不

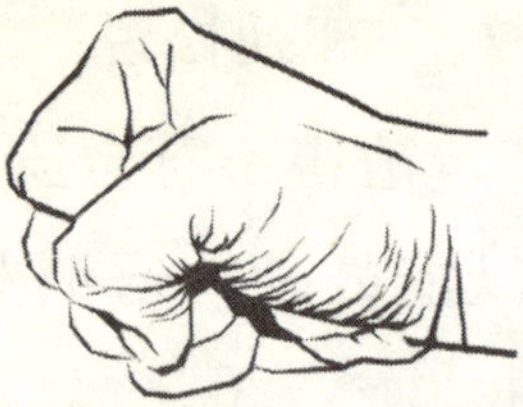

权威解读：

最高人民法院回应消费维权四大热点问题

可请求法院认定“霸王条款”无效

新消法：经营者不得以格式条款、通知、声明、店堂告示等方式，作出排除或者限制消费者权利、减轻或者免除经营者责任、加重消费者责任等对消费者不公平、不合理的规定，不得利用格式条款并借助技术手段强制交易。格式条款、通知、声明、店堂告示等含有前款所列内容的，其内容无效

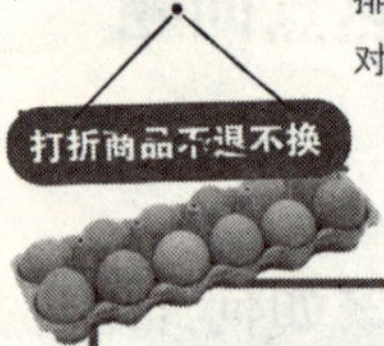

网络交易平台视情承担先行赔付责任或连带责任

新消法：消费者通过网络交易平台购买商品或者接受服务，其合法权益受到损害的，可以向销售者或者服务者要求赔偿。网络交易平台提供者不能提供销售者或者服务者的真实名称、地址和有效联系方式的，消费者也可以向网络交易平台提供者要求赔偿；网络交易平台提供者作出更有利于消费者的承诺的，应当履行承诺。网络交易平台提供者赔偿后，有权向销售者或者服务者追偿

食品药品纠纷：举证责任向有利于消费者倾斜

食品药品司法解释：消费者举证证明所购买食品、药品的事实以及所购食品、药品不符合合同的约定，主张食品、药品的生产者、销售者承担违约责任的，人民法院应予支持。消费者举证证明因食用食品或者使用药品受到损害，初步证明损害与食用食品或者使用药品存在因果关系，并请求食品、药品的生产者、销售者承担侵权责任的，人民法院应予支持，但食品、药品的生产者、销售者能证明损害不是因产品不符合质量标准造成的除外

食品认证机构虚假认证欺诈消费者须担责

食品药品司法解释：食品认证机构故意出具虚假认证，造成消费者损害，消费者请求其承担连带责任的，人民法院应予支持。食品认证机构因过失出具不实认证，造成消费者损害，消费者请求其承担相应责任的，人民法院应予支持

新华社发（大巢制图）

合理的规定，不得利用格式条款并借助技术手段强制交易。格式条款、通知、声明、店堂告示等含有前款所列内容的，其内容无效。

【法官解答】实践中，消费者与食品药品的经营者相比，处于弱势地位。如果遇到此类情况，消费者可以依据消费者权益保护法的相关规定，请求人民法院认定该内容无效。商品打折作为一种促销手段，不能以打折商品不退不换为条件损害消费者权益，这是一种典型的排除或者限制消费者权利、对消费者不公平的告示，人民法院应依法支持消费者的请求。

网络交易平台视情承担先行赔付责任或连带责任

【维权难点】网购了一些食品，质量有问题，交涉过程中，网上店铺没有了，难道就这么算了?

【消费者权利】新消法：消费者通过网络交易平台购买商品或者接受服务，其合法权益受到损害的，可以向销售者或者服务者要求赔偿。网络交易平台提供者不能提供销售者或者服务者的真实名称、地址和有效联系方式的，消费者也可以向网络交易平台提供者要求赔偿；网络交易平台提供者作出更有利于消费者的承诺的，应当履行承诺。网络交易平台提供者赔偿后，有权向销售者或者服务者追偿。

【法官解答】区分不同情况，网络交易平台提供者应依法承担不同的责任。在网络交易平台提供者不能提供食品、药品生产者、销售者的真实名称、地址和有效联系方式时，网络交易平台要依照消费者权益保护法的相关规定承担责任。网络交易平台提供者仅仅是提供给商家一个销售食品、药品的场所，直接责任人应当是生产者或者销售者，网络交易平台提供者承担责任后可以向食品药品的生产者、销售者追偿。

实践中，存在网络交易平台的提供者明知食品、药品的生产者、销售者利用其平台侵害消费者权益而放任自流的情形，此种情况下构成共同侵权。依照侵权责任法的有关规定，网络交易平台提供者与食品、药品生产者、销售者承担连带责任。

食品药品纠纷：举证责任向有利于消费者倾斜

【维权难点】买了有问题的食品、药品，准备到法院打官司维权，可想到要举证，没时间、没专业的鉴定设备，怎么办？

【消费者权利】食品药品司法解释：消费者举证证明所购买食品、药品的事实以及所购食品、药品不符合合同的约定，主张食品、药品的生产者、销售者承担违约责任的，人民法院应予支持。消费者举证证明因食用食品或者使用药品受到损害，初步证明损害与食用食品或者使用药品存在因果关系，并请求食品、药品的生产者、销售者承担侵权责任的，人民法院应予支持，但食品、药品的生产者、销售者能证明损害不是因产品不符合质量标准造成的除外。

【法官解答】根据法律规定，食品药品纠纷案件不适用举证责任倒置，司法解释对食品药品纠纷规定了举证责任转移，作出了向消费者倾斜的规定，即消费者对食品、药品质量不合格或遭受损害进行初步举证，举证责任即转移给经营者。

因食品药品纠纷引起的诉讼有两种，一种是违约之诉，也就是合同之诉；另一种是侵权之诉，也就是购买食用食品、使用药品后人身权益遭受损害引起的诉讼。消费者在这两种诉讼中举证责任不一样。在违约之诉中消费者仅对购买涉案商品的事实以及涉案商品不符合合同约定的标准举证。而在侵权之诉中，消费者不仅要举证证明购买了涉案商品，还要初步证明食用食品或使用药品的事实和受到损害的事实，并且证明两者之间有因果关系。而生产者、销售者要证明其所售食品合格，或者生产者、销售者举证证明损害不是因产品不符合质量标准造成的，才可以免责。

食品认证机构虚假认证欺诈消费者须担责

【维权难点】现在很多水果蔬菜都贴有绿色、有机等五花八门的认证标识，如果买到假认证的食品，能否追究这些认证机构的责任?

【消费者权利】食品药品司法解释：食品认证机构故意出具虚假认证，造成消费者损害，消费者请求其承担连带责任的，人民法院应予支持。食品认证机构因过失出具不实认证，造成消费者损害，消费者请求其承担相应责任的，人民法院应予支持。

【法官解答】这种情况可以向食品认证机构追责。目前市场上经过认证的食品越来越多，经过认证的食品价格要远高于普通食品，但实际上有不少普通食品，甚至不合格食品贴有无公害食品、绿色食品或者有机食品的认证标识，欺诈消费者。

司法解释规定了食品认证机构的责任，区分了食品认证机构认证食品与其实际性质不符是出于故意还是过失。如果食品认证机构故意出具虚假认证，造成消费者人身损害、财产损失的，其与食品的生产者、销售者构成共同侵权，应当承担连带责任。如果因过失导致认证不实，则应当承担与过错程度相适应的补充赔偿责任。

新消法执行要给力

新消法加大了对消费者的保护力度，如消费者网购可 7 天内无理由退货，禁止泄露消费者信息，精神损害赔偿入法等，被认为更加注重公平、规范、正义。

新消法颁布后，其作用不言而喻。然而在执行环节，仍有现实差距。一些老问题仍旧得不到解决。

流通标准的缺失和国家标准的滞后，在很大程度上导致消费过程的混乱。尤其是在电子消费行业等新兴领域，一方面是新产品迅猛发展、新问题层出不穷；另一方面，现行标准与规定却显得有些“力不从心”，致使企业和消费者出现纠纷后，无法可依、互不让步。

“禁止自带酒水”“包间最低消费”……餐饮娱乐行业的种种“行规”长期横行，甚至连消费者都习以为常、不以为怪。尽管新消法规定最低消费等将属违法行为，最高人民法院也明确规定此类行为属于霸王条款，但面对商家因“优势地位”而产生的“霸气”，消费者在维权时却往往因程序繁琐而“底气”不足。

在修改后的新消法中，最能体现加大力度保护消费者权益的内容仍然聚焦在网购、汽车、电脑、冰箱等竞争相对充分的行业、领域，而在一些垄断行业、领域面前，对消费者而言仍显“弱势”。

业内人士指出，长期以来，电信、水电、银行等领域的商家凭借自身地位表现出的“傲慢骄横”和一些霸王条款已经备受诟病。而无论是银行等“大商家”还是机顶盒、公交卡这样的“小商品”，垄断和霸王条款至今仍然存在于消费者的生活中，单靠新消法，只会继续“禁而难止”。

新的消费者权益保护法实施，仅仅只是保护消费者的一个环节，不折不扣地执行，才能真正使消费者的正当权益得到保障。要靠执法的效力以及对违法行为的惩治来实现对消费者的保护，因为只有严格的执法才能警示各方：莫违法，违法必受罚，从而让人们对法律心存敬畏、自觉守法。

正如有的学者所说：法律的生命在于执行，法律的灵魂在于执行。法律实施是实现立法目的、发挥法律作用的前提。立法部门和消费者都对新消法寄予厚望，执行的效果如何？人们拭目以待。

"新消法"要成利器，尚须人性化措施配套

> **人民日报评论：**
>
> 店大欺客也好，无视监管也罢。首先是一个企业诚信问题。从根本上说，诚信原则是最起码的商业道德，也是市场经济的基础，更是企业生存和发展的基石。然而，侵权事件屡屡发生，失信行为禁而难绝，诉说着现实的无奈：诚信档案没有联网，失信行为就是一个个"信息孤岛"，征信成本高、确认难度大，都为违法行为洞开方便之门。
>
> 唤回缺席的诚信，固然需要提倡诚信文化，但是治本之策还是加快建设社会信用体系。事实上，这正是未来改革的一个方向，2014年《政府工作报告》明确提出"对违背市场竞争原则和侵害消费者权益的企业建立黑名单制度"。企业一旦出现不良记录，一处违法，处处受限；一时失信，时时被动，在得不偿失的理性权衡中，置消费者权益于不顾的现象就将大为减少。

2014年3月15日，修订后的《消费者权益保护法》正式实施，备受关注的个人信息权利得到明确保护，网购货品有了7天"反悔权"，这着实让消费者和网购族兴奋。

修订后的《消费者权益保护法》第二十九条规定，经营者及其工作人员对收集的消费者个人信息必须严格保密，不得泄露、出售或者非法向他人提供……经营者未经消费者同意或者请求，或者消费者明确表示拒绝的，不得向其发送商业性信息。第五十六条还明确了罚则，最严处以50万以下罚款、吊销营业执照等处罚措施。此外，"新消法"还对消费者网购商品享有7日"反悔权"进行了明确。

单从条款看，"新消法"直击要害，并对泄露个人信息的经营者处以重罚，网购商品也有了"说理"的依据，可谓消费者权益保护领域的一大突破。

但细细想来，其要真正成为保护个人信息、维护消费者合法权益的"利器"，尚需一系列人性化配套措施，如个人信息被泄露后消费者如何取证、维权等问题，都需要相应配套措施。

另外，消费者"反悔权"的落地，也需要更详细的配套。哪些能退哪些不能退，退货运费由谁出，如何防止规定被滥用等，都需要更详细的解释。新规对"影响商品再次销售"的界定很模糊，极易引起买卖双方的"各自解读"，相关部门应对"什么情况下属于不影响再次销售""消费者在享受退货服务时有哪些义务"等笼统、模糊的问题予以明确。

此外，不断高涨的维权成本依然是"拦路虎"。不破解"追回一只鸡，得杀一头牛"的维权窘境，"新消法"怕只能停留在文件上。

期待相关部门及时出台"新消法"的配套措施，确保工商行政、质量监督等部门在处理维权纠纷时坚持便民、利民原则，尽量降低甚至免除消费者维权所需的鉴定等费用，同时，进一步简化程序、降低消费者的维权时间成本。唯有如此，"新消法"才能变得有力且好用，真正成为维护消费者权益的"利器"。

8 如何让城乡居民的生活有更大保障？
——解读《城乡养老保险制度衔接暂行办法》

居民养老与职工养老间的制度隔离，造成大量在城市间、城乡间“候鸟式”流动的农民工，不得不重复参保，甚至断保、失保，影响到部分群体的参保积极性。此次新农保和城居保“并轨”，居民和职工养老保险衔接，为全面建成公平、统一、规范的城乡居民养老保险制度奠定坚实基础。

职工、居民养老保险衔接办法出台

人力资源和社会保障部 2014 年 2 月 26 日发布消息称，近日，经国务院同意，人社部、财政部联合印发了《城乡养老保险制度衔接暂行办法》，以解决城镇职工基本养老保险与城乡居民基本养老保险制度两大制度的衔接问题。

暂行办法规定，参保人员达到城镇职工养老保险规定的法定退休年龄后，可以申请办理城乡养老保险制度衔接手续，只要在城镇职工养老保险缴费年限满 15 年（含延长缴费至 15 年）的，就可以从城乡居民养老保险转入城镇职工养老保险并享受相应的待遇，如果不满 15 年，可以从城镇职工养老保险转入城乡居民养老保险。

此外，参保人员无论是从城乡居民养老保险转入城镇职工养老保险，还是从城镇职工养老保险转入城乡居民养老保险，都将个人账户全部储存额随同转移，累计计算权益。

> **百姓反应：**
>
> 虽然新农保和城居保合并已经是一个大跨越，现在城镇职工养老保险和城居保能互通那就更让人高兴了，我之前打工的那些“糊涂账”终于可以清理一下，不用白干活。更重要的是，今后参保不用再顾忌工程地点，我可以更灵活就业。我最大的希望就是，转移接续的手续不要太复杂，我们读书不多，复杂了搞不来。
>
> ——农民工罗百虎

人社部相关负责人强调，暂行办法的出台，使广大农民工和城镇非从业居民进可在城镇职工养老保险参保缴费并享受相应的待遇，退可由城乡居民养老保险制度“兜底”。

暂行办法还有一定的引导性：参保人员从城镇职工养老保险转入城乡居民养老保险的，参加城镇职工养老保险的缴费年限合并计算为城乡居民养老保险的缴费年限；反之则不合并计算或折算为城镇职工养老保险的缴费年限。

《城乡养老保险制度衔接暂行办法》凸显三大看点

经国务院同意，人社部、财政部近日联合印发了《城乡养老保险制度衔接暂行办法》，以解决城镇职工基本养老保险与城乡居民基本养老保险制度两大制度的衔接问题。

暂行办法出台后，谁是最大的受益者，他们的生活将发生什么样的改变，这对我国养老保险制度有什么样的意义，其未来发展的方向又是什么？

农民工、城镇非从业居民最受益

“毫无疑问，暂行办法出台的最大受益者是农民工群体和城镇非从业居民。”中央财经大学教授褚福灵说，“当然，前者人数众多，后者则相对较少。”

人社部统计，2012年全国农民工总量达到2.62亿人，同期参加城镇职工养老保险的农民工人数仅为4543万。换言之，绝大部分农民工都游离在这一制度之外。

而截至2013年底，全国参加城乡居民养老保险的总人数达到4.98亿，其中2399万为城镇非从业居民。

“按照相关规定，参加城镇职工养老保险缴费满15年才能享受待遇。”褚福灵解释说，“以前没有衔接办法，不够15年很可能钱就白缴了，所以很多农民工和城镇非从业居民宁肯参加待遇较低的城乡居民养老保险。”

人力资源和社会保障部相关负责人也坦言，随着我国社会主义市场经济体制的不断完善和深化、城镇化的加快发展，跨地区流动就业、往返城乡就业已成为常态。

“现在，城镇职工养老保险制度与城乡居民养老保险制度间不衔接的矛盾开始显现。”这位负责人强调，“尽早解决参保人员在不同的养老保险制度之间衔接的问题，已成为完善养老保险制度的必然要求和社会各界的热切期盼。”

本次出台的暂行办法规定，参保人员达到城镇职工养老保险规定的法定退休年龄后，可以申请办理城乡养老保险制度衔接手续，只要在城镇职工养老保险缴费年限满 15 年（含延长缴费至 15 年）的，就可以从城乡居民养老保险转入城镇职工养老保险并享受相应的待遇，如果不满 15 年，可以从城镇职工养老保险转入城乡居民养老保险。

此外，参保人员无论是从城乡居民养老保险转入城镇职工养老保险，还是从城镇职工养老保险转入城乡居民养老保险，都将个人账户全部储存额随同转移，累计计算权益。

可进可退，三方共赢

“有时出来打工，有时回乡种地，职工保险退休待遇高，但有年限门槛，不如把钱揣在兜里踏实，所以我就上了城乡居民养老保险。”来自湖南农村的罗百虎代表了很多农民工，“现在说是能转换了，那就放心了，反正个人交的钱还是自己的。”

暂行办法的出台，使广大农民工和城镇非从业居民进可在城镇职工养老保险参保缴费并享受相应的待遇，退可由城乡居民养老保险制度“兜底”。

同时，暂行办法还有一定的引导性：参保人员从城镇职工养老保险转入城乡居民养老保险的，参加城镇职工养老保险的缴费年限合并计算为城乡居民养老保险的缴费年限；反之则不合并计算或折算为城镇职工养老保险的缴费年限。

“因为有年限折算，可以多拿钱，这实际上是在引导更多人加入城镇职工养老保险。”褚福灵说。

人社部相关负责人也坦言，解决了两种制度衔接问题，对于提高劳动者参保缴费的积极性，扩大养老保险覆盖范围具有积极的推动作用。

“农民进城后，保障就业是根本，同时还要维护他们的住房、医疗、教育和社会保障等基本公共服务权利，不但吸引现在还在农村的农民进来，更要使他们进了城还能留得住。”这位负责人说。

“顺向发展”是关键

“暂行办法的另一个亮点是按照优先保留待遇较高的城镇职工养老保险关系的原则，明确了对参保人员重复缴费和重复领取待遇情况的处理意见。”中国社会科学院世界社保研究中心主任郑秉文说。

这位专家指出，在两种制度分割的情况下，重复参保是很难避免的，明确了对参保人员重复缴费和重复领取待遇情况的处理意见，体现了社保制度的严肃性和公平性。

“‘顺向发展’是养老保险制度下一步改革需要考虑的主要问题之一。”郑秉文说，“城镇化的方向是农村人口越来越少，城镇人口越来越多，社保制度的进一步发展一定要顺势而为。”

据人社部统计，2013 年我国城乡居民基本养老金月人均达到 81 元。而民政部数据显示，截至 2013 年 8 月，中国平均城市、农村低保标准分别为每人每月 352 元、189 元。也就是说，城乡居民养老保险待遇不及低保一半。

“对于 50 多岁进入城镇的农民来说，他们很可能已经没有能力缴纳 15 年城镇职工养老保险了，那凭着城乡居民养老保险待遇显然是很难在城市里生存的。”郑秉文直言不讳，“如何解决这一问题需要我们重点研究。”

这位专家指出，如果用城镇职工养老保险基金为其支付不足部分，显然是不公平的；而财政补贴归根结底也是纳税人的钱。

“城镇化是有成本的，我建议成立一个基金，其资金来源可以商榷。”郑秉文说，“但只要‘顺向发展’，这个成本就必须支付，希望能够尽快找到一个平衡的方案。”

三位城乡居民的养老心声

> **专家观点：**
>
> 在两种制度分割的情况下，重复参保是很难避免的，《城乡养老保险制度衔接暂行办法》明确了对参保人员重复缴费和重复领取待遇情况的处理意见，体现了社保制度的严肃性和公平性。
>
> **——中国社会科学院世界社保研究中心主任郑秉文**

今年以来，我国城乡居民养老保险制度改革不断取得突破。新型农村社会养老保险和城镇居民社会养老保险的合并，《城乡养老保险制度衔接暂行办法》的出台，这些举措对于广大城乡居民来说都是重大好消息。记者采访了3位城乡居民，感受养老保险制度改革给他们生活带来的变化以及他们对养老的期盼。

农民罗四维：不能总指望儿子　将来得靠养老金

“每月80元，钱虽不多，但够老两口买米买油了，这个政策可以！可以!”说到已经领取了两年的“养老金”，62岁的罗四维连说了两个“可以”。

罗四维家住重庆市云阳县合龙村，三峡水库蓄水后，耕地被淹没，一家人就地后靠。儿子和儿媳常年在浙江打工，他和老伴儿开辟出三四亩山坡地，靠种植柑橘和蔬菜过日子。虽然每年有几千块钱收入，但老两口生活开销也不小，吃穿用度、人情往来，还要照顾两个孙儿读书，每月至少花销四五百元。

2012 年，儿子和儿媳按照每年 100 元的标准为老人缴费参保后，年满 60 岁的罗四维开始享受不缴费领取养老金的待遇。“儿子偶尔会寄些钱回来，但他们在外打工挣钱也不容易，不可能总指望他们。现在凭着身子骨硬朗，我还可以在地里找些活，等哪天干不动了，就得靠国家的这些‘养老钱’了。”罗四维告诉记者，老伴儿下半年就满 60 岁，也可以领“养老金”了，“两人加起来一个月就有 160 元，可以!”

农民工罗百虎：希望城乡养老保险转移接续手续不要太复杂

来自湖南农村的罗百虎来广州打工已近 20 年，从 20 出头的毛头小伙干到了带班大工，工资从刚开始的两三百升到了如今到手七八千。虽然他一家子南下打工 12 口人当中，数他挣得最多，可是也唯独他最没有“安全感”。

“因为我以前没有买社保，吃的是青春饭，干的体力活，将来老了干不动，又一身病痛，怎么办?”原来，罗百虎从打工以来多在建筑工地揽工程，人随工程走，因此都以零工为主。他说自己的工作就像下跳棋一样，时间不定，地点不定，工种不定，在以前的制度下他很难买社保。

“以前我只够格回家买新农保，可是待遇实在太低了，所以这钱还不如握在手里实在。好在新农保和城居保合并了，我可以按城镇灵活就业人员的标准参保，十几个档次，丰俭由人。我挣得多，可以交得多，村里和政府的补贴相应也多，今后领的也多，至少能保障我的基本生活。所以新农保和城居保合并的时候我及时参保了。”罗百虎说。

罗百虎的一双儿女，作为二代农民工，两人都在高中毕业后进厂务工，虽然他们挣的没有父亲多，每个月到手的钱有时候连父亲的一半都不到，但兄妹俩对父亲那种灵活打工的方式却不认同。妹妹罗素娟说：“我们的工钱有三分之一存在将来，老爸的却是‘门前清’，每年国家上调养老金的时候，我们就笑话他不沾福利的边。”

在一家人不同的参保模式下，罗百虎的账算得很清，“虽然新农保和城居保合并已经是一个大跨越，现在城镇职工养老保险和城居保能互通那就更让人高兴了，我之前打工的那些‘糊涂账’终于可以清理一下，不用白干活。更重要的是，今后参保不用再顾忌工种地点，我可以更灵活就业。我最大的希望就是，转移接续的手续不要太复杂，我们读书不多，复杂了搞不来。”

城市居民全晓蓉：希望养老金标准不断提高

47 岁的全晓蓉是重庆市巴南区新民街社区居民，2012 年在重庆城乡居民养老保险扩面推进过程中，她和丈夫主动找到社区居委会要求参保，并选择了每人每年 200 元的缴费档次。全晓蓉一家三口人，丈夫因为患上脑梗塞长期无法工作，她过去在餐馆、社区打零工，也未能参加城镇职工养老保险，儿子大专毕业后在药店工作每月也只有 1000 多元工资，拮据的家境让夫妇俩一直为“老无所养”感到担忧。

“总算赶上了政府的养老好政策。”全晓蓉说，“像我们这种家庭，城镇职工养老保险费用太高，缴不起。城居保每年缴100元以上就行，还可以承受。参保后，自己心里有了底，将来也能给儿子减轻一些负担。”

对于未来的养老期盼，全晓蓉说：“希望城乡居民的养老金标准能不断提高，待遇慢慢提上来，保障才让人越来越安心。”她给记者算了一笔账，按目前每月80元的养老金待遇，只够应付一下家里的水、电、气费用，吃饭还成问题，“不过我相信以后养老金不止这些。如果将来家里条件好一点，还会选择更高的缴费档次，一直缴到60岁。”

叫好一小步，期待不停步

继国务院日前统一新型农村养老保险和城镇居民养老保险之后，近日人社部、财政部又出台《城乡养老保险制度衔接暂行办法》，首次明确城乡居保和城镇职工养老保险之间可以转移衔接。养老保险两大平台衔接的这一举措，是我国统筹城乡社会保障体系改革的重要一步。

受诸多因素影响，我国社会养老保险体系自建立以来，就呈现出渐进式、“碎片化”的特点，近几年，养老保险制度覆盖面不断扩大，截至2013年底，参保人数达到8.2亿人，但新农保、城居保、职工养老保险以及事业单位养老等多保并存，各类保险待遇悬殊、互不衔接，不仅损害了社会保障的公平性，也影响到部分群体的参保积极性。尤其是居民养老与职

桥　　　　新华社发　商海春　作

工养老间的制度隔离，造成大量在城市间、城乡间“候鸟式”流动的农民工，不得不重复参保，甚至断保、失保。

此次新农保和城居保“并轨”，居民和职工养老保险衔接，不仅使我国社会养老保险体系“碎片化”问题初步破解，为全面建成公平、统一、规范的城乡居民养老保险制度奠定坚实基础，也顺应城镇化提速的大势，让处于养老保障相对“弱势”地位的广大农民工和城镇非从业居民，“进”可在职工养老保险参保缴费并享受相应待遇，“退”可由城乡居保制度“兜底”。

但是，在为城乡居保并轨、居民和职工养老衔接“叫好”的同时，一些现实问题也不容忽视。目前，城乡居保养老待遇还普遍较低，2013 年基本养老金月人均仅为 81 元，缴费激励不足，大量城乡居民选择最低缴费档次。对此，亟须尽快强化多缴多补激励，建立城乡居保养老金动态调整机制，全面增强保障能力。

此外，城乡居保转入职工养老保险的“成本分摊”机制还不尽合理，有可能造成排挤效应，尤其对一些中老年农民工来说，他们很可能没有能力缴满职工养老保险，凭着城乡居保待遇又难以在城市生存。为此，应积极探索建立统筹扶持基金等方式予以解决。

9 社会救助“九龙治水”如何破除?——聚焦新颁布的《社会救助暂行办法》

近年来，各级党委政府高度重视社会救助工作，并投入了大量人力、物力、财力，使困难群众的基本生活得到有效保障。同时，由于体制机制障碍、统筹协调缺乏、力量分散不均等原因，社会救助工作常常处于“九龙治水”的尴尬局面。作为我国第一部统筹各项社会救助制度的行政法规，《社会救助暂行办法》将有助于为履行救助职责、规范救助行为提供法律依据和法律保障。

我国第一部统筹各项社会救助制度的行政法规

《社会救助暂行办法》是我国第一部统筹各项社会救助制度的行政法规。这个办法，将有助于为履行救助职责、规范救助行为提供法律依据和法律保障。

办法共 13 章 70 条，自 2014 年 5 月 1 日起施行。办法将最低生活保障、特困人员供养、受灾人员救助、医疗救助、教育救助、住房救助、就业救助和临时救助等8项制度以及社会力量参与作为基本内容，分别设专章予以规范，提出国家鼓励、支持社会力量参与社会救助，社会力量参与社会救助按照国家有关规定享受财政补贴、税收优惠、费用减免等政策。

办法明确，国务院民政部门统筹全国社会救助体系建设。国务院民政、卫生计生、教育、住房城乡建设、人力资源社会保障等部门，按照各自职责负责相应的社会救助管理工作。县级以上地方人民政府民政、卫生计生、教育、住房城乡建设、人力资源社会保障等部门，按照各自职责负责本行政区域内相应的社会救助管理工作。

> **专家观点：**
>
> 办法体现了社会救助托底线、救急难、可持续的特点，它的出台标志着我国社会救助制度从长期改革试验状态向成熟、定型的制度安排迈进了一大步，是全面深化我国社会保障制度改革的一项重大举措。
>
> **——中国人民大学中国社会保障研究中心主任郑功成**

根据办法，县级以上人民政府应当将社会救助纳入国民经济和社会发展规划，建立健全政府领导、民政部门牵头、有关部门配合、社会力量参与的社会救助工作协调机制，完善社会救助资金、物资保障机制，将政府安排的社会救助资金和社会救助工作经费纳入财政预算。

办法规定，社会救助资金实行专项管理，分账核算，专款专用，任何单位或者个人不得挤占挪用。社会救助资金的支付，按照财政国库管理的有关规定执行。

办法要求申请或者已获得社会救助的家庭，应当按照规定如实申报家庭收入状况、财产状况。县级以上人民政府民政部门应当建立申请和已获得社会救助家庭经济状况信息核对平台，为审核认定社会救助对象提供依据。

此外，办法规定了相关的法律责任。采取虚报、隐瞒、伪造等手段，骗取社会救助资金、物资或者服务的，由有关部门决定停止社会救助，责令退回非法获取的救助资金、物资，可以处非法获取的救助款额或者物资价值1倍以上3倍以下的罚款；构成违反治安管理行为的，依法给予治安管理处罚。违反本办法规定，构成犯罪的，依法追究刑事责任。

社会救助为谁“雪中送炭”

近年来，随着党和国家逐渐加大保障和改善民生的工作力度，社会救助体系不断完善，越来越多的困难群众在国家提供的城乡居民最低生活保障、农村五保供养、城乡医疗救助、临时救助等社会救助中感受到“雪中送炭”的温暖。

城乡居民最低生活保障是国家对人均收入低于当地最低生活保障标准的贫困家庭给予的差额现金救助，主要解决城乡贫困人口在吃饭、穿衣、用水、用电等基本生活方面的困难。截至2013年11月底，我国城市低保对象有2070.1万人，平均保障标准为362元/人·月，月人均补助243元；全国农村低保对象5370.8万人，平均保障标准为2347元/人·年，月人均补助107元

农村五保供养是我国建立最早的一项社会救助制度，已经有60年的历史，主要指国家对无劳动能力、无生活来源又无

雪中送炭　　新华社发　商海春　作

法定赡养、抚养、扶养义务人，或者其法定赡养、抚养、扶养义务人无赡养、抚养、扶养能力的老年人、残疾人或者未满16周岁的村民，在吃、穿、住、医、葬（教）五个方面给予生活照顾和物质帮助。截至2013年11月底，我国农村五保养老对象约有540万人。

城乡医疗救助是政府对城乡贫困群众给予医疗方面的资金支持和帮助，使其能享有国家基本医疗卫生服务的保障制度。截至2013年6月，我国共有3820万人次获得医疗救助，累计支出资金94.3亿元。

2007年，民政部开始部署各地探索建立临时生活救助制度，努力解决因突发性事件、意外伤害或因家庭刚性支出较大导致的临时性基本生活困难。目前全国已有 26 个省区市建立了临时救助制度，14 个省区市建立了省级临时救助专项资金，保障群众遭遇临时性困难时的基本生活。

据了解，2014 年，民政部将以重特大疾病医疗救助牵引城乡医疗救助制度发展，实现救助对象政策范围内住院自付医疗费用救助比例达到 60％。此外，民政部还将继续推进农村五保供养工作，力争全国集中供养率达到 40％、机构法人登记率达到 70％。

专家解读新颁布的《社会救助暂行办法》

专家认为，《社会救助暂行办法》将社会救助上升为根本性、稳定性的法律制度，为保障群众基本生活、解决急难问题构建起完整严密的安全网。

告别“碎片化”，救助制度走向规范统一

“社会救助是社会保障体系中的保底性制度安排，一旦出现缺漏即意味着会有人马上陷入生存危机，因此是关乎社会底线公正的客观标志。”中国人民大学中国社会保障研究中心主任郑功成说。

我国社会救助虽已取得一定成效，但长期以来，还存在体系不完善、制度“碎片化”等问题。随着我国改革发展的不断深入，社会关系和利益格局深刻调整，守住人民群众基本生活

安全底线已成为社会共识，必须作出制度性安排。

《社会救助暂行办法》将最低生活保障、特困人员供养、受灾人员救助、医疗救助、教育救助、住房救助、就业救助和临时救助等8项制度以及社会力量参与作为基本内容，分别设专章予以规范。

郑功成认为，办法体现了社会救助托底线、救急难、可持续的特点，它的出台标志着我国社会救助制度从长期改革试验状态向成熟、定型的制度安排迈进了一大步，是全面深化我国社会保障制度改革的一项重大举措。

“办法对社会救助进行了全面规范，兼顾群众困难的各个方面，覆盖群众关切的各个领域。”北京大学法学院教授贾俊玲说，“办法把已有的成功做法上升为法规制度，使各项社会救助有法可依，首次形成完整清晰的社会救助制度体系。”

理顺机制畅通渠道，使困难群众“求助有门”

各项社会救助制度能不能落到实处，困难群众能不能及时获得救助，这些都是老百姓最关心的问题。

“办法对这些问题都有所考虑。”贾俊玲指出，办法明确了社会救助工作应当遵循公开、公平、公正、及时的原则，制定了多项方便求助措施，畅通申请、受理渠道，以确保困难群众“求助有门”、及时受助，能够有效防止救助不力的“冷漠病”。

她举例说，比如在最低生活保障方面，明确申请最低生活保障家庭成员有困难的，可以委托村民委员会、居民委员会代为提出申请。在特困人员供养方面，明确乡镇人民政府、街道办事处应当及时了解掌握居民的生活情况，发现符合特困供养条件的人员，应当主动为其依法办理供养。在医疗救助方面，明确县级以上人民政府应当建立健全医疗救助与基本医疗保险、大病保险相衔接的医疗费用结算机制，为医疗救助对象提供便捷服务。在临时救助方面，明确对情况紧急的临时救助申请，可以按照规定简化审批手续等。

郑功成表示，办法从理论上免除了群众生存危机的风险，特别是在专项救助中又考虑了低保对象之外的其他低收入群体，覆盖范围更广，编牢了社会救助体系的“网底”。

新华社评论：

办法的出台，明确了部门职责。过去，救助中一方面存在重复救助、多头救助；一方面存在救助空白，一些急需救助的对象得不到应有的帮助。依照这一办法，国务院民政部门将统筹全国社会救助体系建设，各个专项救助的责任部门得到落实，有利于各司其职、各归其位，既避免了不必要的资源浪费，又能消除长期存在的救助盲点。

堵住“漏、错、骗”坚守底线公正

社会救助制度的核心在于能否真正守住底线公正。而在具体实践中，却存在损公肥私、“人情保”、“关系保”等各种“错助”、“骗助”行为，饱受群众诟病。

南开大学社会建设与管理研究院院长关信平表示，实施社会救助，要杜绝“养懒汉”现象，防止“漏助、错助、骗助”行为，确保宝贵的社会救助资源真正用于需要救助的困难群众。

对此，办法专设“监督管理”一章，从申请人、救助机关、相关单位三个角度，规定了相关权利义务。

——受助人有报告义务，应当按规定如实申报家庭收入状况、财产状况；

——民政部门有查核职责，可以根据请求、委托，通过户籍管理、税务、社会保险、不动产登记、工商登记、住房公积金管理、车船管理等单位和银行、保险、证券等金融机构，代为查询、核对其家庭收入状况、财产状况；

——相关单位有配合义务，有关单位和金融机构应当对有关查询、核对予以配合。

厦门大学副教授朱至刚指出，办法弥补了以往制度的缺失，如过去低保制度只以收入为申请标准，这次将申请者的财产状况纳入其中，“开宝马领低保”、“住多套房领低保”等现象将难以再现。

此外，办法还对在履行社会救助职责过程中滥用职权、玩忽职守、徇私舞弊，以及截留、挤占、挪用、私分社会救助资金、物资的行为，明确对直接负责的主管人员和其他直接责任人员依法给予处分。

南开大学社会建设与管理研究院院长关信平认为，“问责制”的推出将有效遏制社会救助工作中损公肥私等诸多乱象，但除此之外，还需有更严密科学的制度设计以及不断建设、完善社会信用体系。建立科学、高效的查核机制等，以确保社会救助资源真正用到困难群众身上。

凝聚社会力量　提升救助质量

随着《办法》公布，鼓励社会力量参与社会救助也首次以政府规章形式提出。《办法》明确，国家鼓励单位和个人等社会力量通过捐赠、设立帮扶项目、创办服务机构、提供志愿服务等方式，参与社会救助；社会力量参与社会救助，按照国家有关规定享受财政补贴、税收优惠、费用减免等政策；县级以上人民政府可以将社会救助中的具体服务事项通过委托、承包、采购等方式，向社会力量购买服务等。

复旦大学社会发展与公共政策学院教授于海认为，《办法》以政府规章的形式来确定救助是全社会的事，不由政府一方面承担，把大门向社会敞开，这是根本性的转变。

“《办法》使社会工作在我国法律制度中有了一席之地。在实际工作中，社会组织的参与，可以发挥其提供多样专业化帮扶服务的优势，弥补政府物质救助的不足，真正做到‘送温暖，送到家’。”华东师范大学社会学研究所所长文军说。

用法律手段破“九龙治水”

社会救助工作关系百姓冷暖，关乎公平正义。近年来，各级党委政府高度重视这项工作，并投入了大量人力、物力、财力，使困难群众的基本生活得到有效保障。同时也要看到，尽管我国现行社会救助政策已基本完备，由于体制机制障碍、统筹协调缺乏、力量分散不均等原因，社会救助工作常常处于“九龙治水”的尴尬局面。

之所以会出现这种局面，重要原因之一在于社会救助与法制化、科学化的要求尚有较大差距，这在一定程度上制约了这张民生保障网的编织进程。国务院日前出台《社会救助暂行办法》，以法治思维推动社会救助，以法律手段规范社会救助，无疑有望补齐这一制度长期存在的短板。

办法的出台，明确了部门职责。过去，救助中一方面存在重复救助、多头救助；一方面存在救助空白，一些急需救助的对象得不到应有的帮助。依照这一办法，国务院民政部门将统筹全国社会救助体系建设，各个专项救助的责任部门得到落实，有利于各司其职、各归其位，既避免了不必要的资源浪费，又能消除长期存在的救助盲点。

专家观点：

《办法》使社会工作在我国法律制度中有了一席之地。在实际工作中，社会组织的参与，可以发挥其提供多样专业化帮扶服务的优势，弥补政府物质救助的不足，真正做到“送温暖，送到家”。

——华东师范大学社会学研究所所长文军

《办法》以政府规章的形式来确定救助是全社会的事，不由政府一方面承担，把大门向社会敞开，这是根本性的转变。

——复旦大学社会发展与公共政策学院教授于海

《办法》“问责制”的推出将有效遏制社会救助工作中损公肥私等诸多乱象，但除此之外，还需有更严密科学的制度设计以及不断建设、完善社会信用体系。建立科学、高效的查核机制等，以确保社会救助资源真正用到困难群众身上。

——南开大学社会建设与管理研究院院长关信平

《办法》对社会救助进行了全面规范，兼顾群众困难的各个方面，覆盖群众关切的各个领域……把已有的成功做法上升为法规制度，使各项社会救助有法可依，首次形成完整清晰的社会救助制度体系。

——北京大学法学院教授贾俊玲

办法的出台，强化了监督管理。长期以来，社会救助领域问题不断、乱象丛生，有的不符合救助标准的人通过人情、关系拿到低保，住进保障房；有的地方救助资金和物资被挪用、占用，甚至被工作人员据为己有。对此，办法提出一系列监督管理办法，明确了相关法律责任，严重的可以追究刑事责任，这将有助于从法律层面解决存在的问题，规范救助的操作。

社会救助点多面广，是一项复杂的系统工程。出台办法，只是社会救助法制化迈出的第一步。各相关部门应从保障民生的大局出发，打破不合理的利益格局和部门壁垒，消除分歧，达成共识，形成合力，切实保障办法真正落到实处，让百姓受益，促进社会和谐，推动社会救助承担起托底线、救急难、可持续的光荣使命。

10 15 天接受 79 名弃婴的背后
——聚焦争议中的“弃婴安全岛”

目前我国有28个省区市建成或正在积极筹建弃婴岛，这充分体现出国家对个体生命的尊重和政府不断推进保护弃婴生存权利工作的努力。然而，作为一种救助手段，“弃婴安全岛”不可能毕其功于一役解决弃婴问题。只有全社会共同努力，从社会保障体系、福利制度、公益支援、法律普及和执行等多方面着手，形成弃婴救助的完整链条，也许才能杜绝弃婴现象。

我国已有 28 个省区市“试水”建立“弃婴安全岛”

目前，我国已有28个省区市“试水”建立“弃婴安全岛”，以及时发现和救助弃婴这一社会上最弱势的群体，保障弃婴最基本的生命权。

河北、天津、内蒙古、黑龙江、江苏、福建等10个省区市已建成25个弃婴岛并投入使用，还有18个省区市正在积极

接　　新华社发　商海春　作

筹建弃婴岛或弃婴观察救治中心。

弃婴岛是儿童福利机构保护弃婴生存权利的一次尝试与探索。通常情况下，弃婴岛设在儿童福利机构门口，岛内设有婴儿保温箱、延时报警装置、空调和儿童床等。岛内接受婴儿后，延时报警装置会在5至10分钟后提醒福利院工作人员到岛内察看弃儿，尽快将婴儿转入医院救治或转入福利院院内安置。

中国儿童福利和收养中心主任李波表示，建立弃婴岛的主要目的是避免婴儿在被遗弃后身心再次受到外部不良环境的侵害，提高遗弃婴儿的存活率，使其能够得到及时治疗和救助。

我国第一个弃婴岛于2011年6月1日在河北省石家庄市社会福利院设立。2013年7月，民政部在总结地方经验的基础上，下发《民政部办公厅关于转发中国儿童福利和收养中心开展“婴儿安全岛”试点工作方案的通知》，要求各地根据实际情况开展弃婴岛试点工作。

民政部副部长窦玉沛此前在国务院新闻办的新闻发布会上表示，在我国，遗弃婴儿属于违法行为，也为社会道德所不容。设立弃婴岛，正是基于生命至上、儿童权益优先的原则，与我国未成年人保护法的立法精神是一致的，与刑法打击弃婴犯罪也是并行不悖的。

聚焦争议中的“弃婴安全岛”

2014 年春节刚过，一则新闻触痛了大众的神经：在万家团圆的春节期间，广州市设立的首个“弃婴安全岛”，10 天内接收到 33 名弃婴。记者获得的最新统计数据显示，弃婴岛在 15 天内接收的弃婴数量已增至 79 名。

设置弃婴岛是否变相纵容了弃婴行为，弃婴岛背后隐藏着哪些社会之痛，如何真正有效地减少弃婴行为……针对这些问题，记者近日采访了儿童福利领域的专家学者，直面争议中的“弃婴安全岛”。

安全岛是拯救弃婴还是纵容弃婴?

2011 年 6 月，我国首个“弃婴安全岛”在河北石家庄市社会福利院门口诞生。红顶白墙的小屋内，婴儿保温箱、延时报警器、婴儿床等几项简单的设施，为被遗弃的婴儿提供了一个临时的避风港。

然而，这个旨在保护弃婴、增加弃婴存活率的新事物问世不久，便引来诸多争议。赞同者认为，设立弃婴岛提高了弃婴的存活率，保障了弃婴的生命安全，体现了社会进步；质疑者则认为，设立弃婴岛是对遗弃行为的变相纵容和鼓励，与法律禁止弃婴的要求不一致。

什么是“弃婴安全岛”？

“弃婴安全岛”是儿童福利机构保护弃婴生存权利的一次尝试与探索。通常情况下，弃婴岛设在儿童福利机构门口，岛内设有婴儿保温箱、延时报警装置、空调和儿童床等。岛内接受婴儿后，延时报警装置会在5至10分钟后提醒福利院工作人员到岛内察看弃儿，尽快将婴儿转入医院救治或转入福利院院内安置。

面对争议，中国儿童福利和收养中心主任李波认为，要理性看待保障婴儿生命权与打击弃婴犯罪行为之间的关系。设立弃婴岛是在弃婴现象发生后，通过采取弥补和救助措施达到对弃婴生命权益的保护，这与法律通过禁止弃婴和打击弃婴犯罪来保护婴儿生命权的目标是完全一致的，只不过在保护弃婴生命权益的环节上有先后之分，法律重在预防，弃婴岛重在补救和应对。

李波指出，从实践看，并没有数据显示安全岛的设置会引发弃婴数量的增长或鼓励弃婴行为。根据石家庄、南京弃婴安全岛的实践，在媒体大范围报道后，安全岛接收的弃婴数量会在短时间内有所增长，但很快就趋于平稳甚至下降，而且，安全岛弃婴数量增加了，在街头巷尾等其他地点捡拾的弃婴就减少了，弃婴总量并没有增多。

实际上，由于救助及时，弃婴的存活率大幅提高。以石家庄为例，据石家庄市社会福利院院长韩金红介绍，以往遗弃在福利院门口及附近的婴儿入院后，存活下来的比例约为三分之一。弃婴进入安全岛后，死亡率明显降低，经入院体检，弃婴外伤、发高烧以及患肺炎的数量锐减。

“我们虽然改变不了社会遗弃婴儿的行为，但是我们可以想方设法改变婴儿被遗弃的后果。”韩金红说。

无奈弃婴凸显儿童福利保障制度缺失

“虎毒不吃子，今天遗弃骨肉如同用刀削骨，医生说我儿的病情无药可治，留在家中会导致更大的家庭悲剧。”这是一个落款为“没有资格为人父”的人在广州市社会福利院门外的弃婴岛内留下的字条。字里行间，浸透着父母的不舍与无奈。

据广州市社会福利院院长徐久介绍，福利院建立弃婴岛以来，接收的弃婴大多在一岁以下，有的孩子身上插着导管，有的孩子发着高烧，有的孩子衣物中存放着在医院的治疗病历，这些孩子患有脑瘫、唐氏综合征、血液系统疾病等中重度疾病，如不及时救治将危及生命。还有一部分是1至6岁的孩子，身患重病和残疾，生活不能自理，无法接受正常教育。

在这个弃婴岛内，近三分之二的家长留下了字条或现金，表示遗弃孩子纯属万般无奈之举，希望孩子能够得到医治，保住性命。从性别上看，弃婴中男孩子占多数，打破了以前社会存在的重男轻女、传宗接代的遗弃因素。

> **新华社评论：**
>
> 弃婴现象既有个人原因，也有社会原因；既有观念问题，也有现实问题。“弃婴安全岛”作为一种救助手段，不可能毕其功于一役解决弃婴问题。只有全社会共同努力，从社会保障体系、福利制度、公益支援、法律普及和执行等多方面着手，形成弃婴救助的完整链条，也许才能杜绝弃婴现象。

根据中国儿童福利和收养中心儿童抚育部主任冀刚的粗略统计，全国各地目前设立的“弃婴安全岛”接收的弃婴，约99%都是病残儿童。婴儿被遗弃的原因主要是家庭无法承受昂贵的医疗费，无法承受呆傻孩子将来的特殊教育费用，很多家庭担心因病致贫，这一定程度上凸显了当前我国儿童福利保障制度的不完善。

“一个孩子若是残疾或智障，是一辈子的事情，家庭能否享受到应有的社会保障？解决了看病的问题，后续的看护照料怎么办？康复和教育怎么办？这些都是国家福利保障制度在顶层设计中应该考虑的问题。”冀刚说，只有持续的体制保障，才能解决家长的后顾之忧，减少弃婴行为的发生。

完善福利保障和法律保护是治本之策

据专家介绍，国际社会对弃婴普遍重视，不少国家通过专门设立或指定弃婴安全保护设施、允许亲生父母在孩子出生后匿名放弃监护权等做法，来确保被遗弃婴儿的生命安全。当前我国设立的“弃婴安全岛”，类似于欧洲一些国家采用的弃婴保护舱，是借鉴国外经验、结合我国弃婴权益保护现状进行的有益探索和创新。

“‘弃婴安全岛’为被遗弃的婴儿提供了基本的保障，但这仅仅是国家保护弃婴的第一步，是在儿童福利制度不完善的情况下，为保护孩子的生命权作出的应急举措，尚需多层次、多方位和综合性配套机制支持。”北京市青少年法律援助与研究中心主任佟丽华认为，孩子不仅仅是家庭的，更是社会的，是国家的。未来儿童保护制度、福利制度完善的方向，就是政府要和家庭共同承担起保护孩子健康成长的责任。

李波认为，当前，要通过建立儿童大病医疗保障制度，完善家庭扶持政策、对残疾和大病儿童的家庭提供支持，建立残疾儿童免费康复和特殊教育制度等途径，健全儿童福利保障制度。同时，要加强孕前、孕期指导和检查，提高生育技术水平，通过源头治理，降低婴儿出生缺陷发生率。

与此同时，佟丽华呼吁，要进一步研究国外儿童权益保护的法律法规，结合我国实际，健全未成年人保护制度，建立儿童监护监督干预机制和国家监护服务体系，切实加强对弃婴及未成年人权益的保障。

记者了解到，民政部正在探索建立儿童家庭支持福利制度，对困境儿童实行分类保障，建立新生儿营养补贴、贫困家庭子女津贴、残疾儿童医疗康复和家庭护理补贴、收养残疾儿童津贴等儿童福利制度。通过发放补贴津贴、减免税收等方式，加大政府对困境儿童和家庭的支持扶助力度，预防家庭因无力治疗、照顾病残儿童或因贫困将孩子遗弃。

宽容看待弃婴岛试点　完善儿童福利保障

自从2011年6月1日河北省石家庄市社会福利院试点建立我国第一个弃婴安全岛以来，围绕弃婴岛的争议不断。2014年3月16日，广州宣布暂停弃婴岛试点，进一步引发社会上关于弃婴岛何去何从的争论。

民政部社会福利和慈善事业促进司司长詹成付18日接受新华社记者专访，对社会关心的问题予以回应。

> **域外经验：**
>
> 在美国，20多年来，各州陆续通过一系列“安全港法案”，使得“依法安全地抛弃婴孩”成为可能。截至2008年，美国50个州都有某种形式的“安全港法案”，大多数法律指定医院、急救医疗服务、消防局和警察局作为安全地点。大约一半的州不起诉那些放弃没有受伤的婴儿的父母。一些州允许生父母不透露自己的身份，有的则要求接收儿童的人员查找生父母信息，并获取儿童的健康病史记录。

宽容看待弃婴岛试点

问：如何看待广州宣布暂停弃婴岛试点？在美国，20多年来，各州陆续通过一系列“安全港法案”，使得“依法安全地抛弃婴孩”成为可能。截至2008年，美国50个州都有某种形式的“安全港法案”，大多数法律指定医院、急救医疗服务、消防局和警察局作为安全地点。大约一半的州不起诉那些放弃没有受伤的婴儿的父母。一些州允许生父母不透露自己的身份，有的则要求接收儿童的人员查找生父母信息，并获取儿童的健康病史记录。

答：目前全国范围内已有10个省区市建成25个弃婴岛并投入使用。总体来看，弃婴岛的设立是利大于弊的，改善了弃婴被遗弃后的生存环境，提高了弃婴存活率，实现了“生命至上、儿童利益优先”的设立初衷。

需要注意的是，广州近日宣布暂停弃婴岛试点，我们不能解读为广州市不再管弃婴的事了，而应当理解为广州市会在前一段试点的基础上总结经验，发现问题，探索保障救助弃婴的路径。因为短时间内接收弃婴数量已经超出福利院承受的极限，福利院需要时间对儿童床位、医疗护理、后勤保障等进行调整。对于新生事物，允许试点探索，就应当允许总结经验，不能要求一开始就百分之百正确、百分之百完善。

由于经济和医疗水平较高，大中城市福利院收养弃婴的压力较大。广州等人口聚集多的城市能够率先试点设立弃婴岛，本身就需要很大勇气。希望社会各界人士能更加宽容地看待弃婴岛的试点及后续改革，给改革者以鼓励，以建设性的态度推动这一新生事物的成长，为保障婴儿合法权益共谋良策。

> **专家意见：**
>
> 一个孩子若是残疾或智障，是一辈子的事情，家庭能否享受到应有的社会保障？解决了看病的问题，后续的看护照料怎么办？康复和教育怎么办？这些都是国家福利保障制度在顶层设计中应该考虑的问题。
>
> **——中国儿童福利和收养中心儿童抚育部主任冀刚**
>
> 孩子不仅仅是家庭的，更是社会的，是国家的。未来儿童保护制度、福利制度完善的方向，就是政府要和家庭共同承担起保护孩子健康成长的责任。
>
> **——北京市青少年法律援助与研究中心主任佟丽华**
>
> 要理性看待保障婴儿生命权与打击弃婴犯罪行为之间的关系。设立弃婴岛是在弃婴现象发生后，通过采取弥补和救助措施达到对弃婴生命权益的保护，这与法律通过禁止弃婴和打击弃婴犯罪来保护婴儿生命权的目标是完全一致的，只不过在保护弃婴生命权益的环节上有先后之分，法律重在预防，弃婴岛重在补救和应对。
>
> **——中国儿童福利和收养中心主任李波**

问：广州暂停弃婴岛试点是否会给其他地方弃婴岛运行带来影响？民政部如何协调解决广州等接收弃婴较多的地方面临的困难？

答：如果说一点影响都没有，那也不实事求是，大家都会总结经验，不断完善安置弃婴的办法。我们正在研究对接收弃婴较多的福利院给予一定的资助，并将协调当地资源，对接收弃婴较多的福利院予以分流，以减轻其运行压力。

同时，我们也建议各地在试点中进一步完善弃婴岛接收弃婴的规章制度。本来婴儿安全岛是接受弃婴的，一般讲，弃婴是年龄较小，且找不到生父母及监护人的婴儿。在试点之初，各地在岛内没有设置监控设施，也没有是否是弃婴的甄别机制，一些父母及监护人把自己的病残孩子，甚至6至7岁的孩子也往安全岛里送，从而使安全岛变了味。现在我们建议有条件的地方在弃婴岛安装摄像头，并建立弃婴甄别机制，严格接收查找不到监护人的1岁以下被遗弃婴儿。对于违反法律、甚至是恶意弃婴的婴儿父母，对其进行劝说，或留取证据，视情况向公安部门报警，绝不纵容不负责任的弃婴违法行为。

设立弃婴岛与打击弃婴行为并行不悖

问：目前我国儿童福利机构的总体状况如何？

答：我国在地市级设了400多所儿童福利院，在800多个综合社会福利中心设有儿童部，它们的功能是托底的，即养育查找不到监护人、监护人无力抚养和未被家庭收养的孤儿、弃婴，这个资源是有限的。目前，我国现有孤儿57万人，采取分散与集中相结合的方式养育，鉴于福利机构集中供养不是最佳养育方式，而家庭更富有亲情，对于孩子健康人格形成更具优势，因此，我们鼓励家庭收养、寄养、助养等多种方式。

现在全国病残儿童大体有500多万人，如果把所有病残儿童都从家庭集中到福利院，那将是不可想象的，也将使福利院功能严重错位。国内外经验都证明，家庭是养育儿童的最好场所，这个道理我相信大家都懂，关键是要把政府的扶助政策落实到位，同时家庭责任也要履行到位，家庭不能把病残儿童一弃了之。

问：有观点认为，弃婴岛的设立会纵容弃婴行为，您怎么看？

答：在我国相关法律中不允许弃婴，如果发生弃婴行为，就要追究法律责任。在没有设立婴儿安全岛之前，也有弃婴行为，基本上都是隐蔽性的行为，弃婴多发生于人迹稀少的背街胡同，等人们发现弃婴时，弃婴已奄奄一息，存活率很低。这类事件一经媒体曝光，往往冲击人们的道德底线和心理底线。虽然弃婴行为是违法的，但被遗弃的婴儿却是无辜的。弃婴岛的设立就是救助无辜婴儿的尝试，与打击弃婴行为并行不悖，也不存在纵容弃婴行为的意图。当然，如何既能有效救治弃婴，又能有效防范和打击弃婴行为，还需要源头治理、系统治理、综合治理，还需要各方共同协作。

民政部正会同有关部门研究制定重病残儿童福利保障政策

问：从试点来看，目前全国建立的弃婴岛接收的弃婴绝大多数是重病残儿童，很多家庭遗弃婴儿也是万般无奈之举，这暴露出什么问题？民政部将采取哪些举措加以解决？

答：近年来，各地高度重视重病残儿童的保障工作，使他们享受到改革开放的成果，但弃婴岛的试点也确实暴露出我国重病残儿童福利保障工作的薄弱问题。为此，我们正会同有关部门按照党的十八届三中全会健全困境儿童分类保障制度的要求，抓紧研究制定重病残儿童社会保障政策。着力从重病残儿童医疗保险、医疗救助、生活补贴、医疗康复补贴、家庭服务等多个方面减轻重病残儿童及其家庭的经济负担和服务负担，减少相关家庭把孩子推向社会的可能性。

各国保护弃婴权益做法扫描

当一个婴儿被亲生父母放弃时，如何最大限度地保护一个生命应有的权利？面对弃婴这一全球性的社会问题，世界上许多国家已采取相应措施，通过专门设立或指定弃婴安全保护设施、允许生父母在孩子出生后匿名放弃监护权等做法，确保被遗弃婴儿的生命安全。

中国儿童福利和收养中心提供的资料显示，弃婴保护设施可追溯至1198年。这种出现在意大利的弃婴保护设施被称为“弃婴轮盘”。它是一个圆柱形装置，安装在建筑物外墙上，类似于一个旋转门。家长将婴儿放在这个圆柱里，旋转圆柱之后就能把婴儿送进教堂内，接着再按一下旁边的铃铛，以提醒教堂内的人。人们认为，“弃婴轮盘”能够让父母以隐秘的方式放弃自己的婴儿，而不是以杀害婴儿的方式抛弃他们。在当时，遗弃的婴儿主要是婚外私生子。

“弃婴轮盘”在十九世纪晚期逐渐消失，弃婴保护舱从1952年开始出现。从1996年开始，以匈牙利为首，德国、比利时、瑞士、捷克、奥地利、意大利等欧洲多个国家陆续设置了弃婴保护舱。其中，德国约设有80个弃婴保护舱。同时，在印度、巴基斯坦、菲律宾、日本、韩国、南非等欧洲以外的国家，这种形式的弃婴装置也被采用，保障弃婴被放置在安全环境中，并得到及时救助。

匿名生产法源于法国。这一法律允许妇女匿名并免费在医院进行分娩，并放弃婴儿将其送养。婴儿一旦被留在医院，就意味着生母放弃对其的父母权利，继而被交给社会服务机构，直到被合法收养。意大利、希腊、卢森堡、奥地利等国家都允许匿名生产。一些国家允许生母在生产时隐匿身份，但鼓励其将信息留在封闭的档案内交政府保管，供孩子成人后查阅。

据介绍，在美国，20多年来，各州陆续通过一系列“安全港法案”，使得“依法安全地抛弃婴孩”成为可能。截至2008年，美国50个州都有某种形式的“安全港法案”，大多数法律指定医院、急救医疗服务、消防局和警察局作为安全地点。大约一半的州不起诉那些放弃没有受伤的婴儿的父母。一些州允许生父母不透露自己的身份，有的则要求接收儿童的人员查找生父母信息，并获取儿童的健康病史记录。

“弃婴安全岛”不是终点

28个省区市建成或正在积极筹建“弃婴安全岛”的事实表明，我国政府正在加快推进保护弃婴生存权利工作。

在我国，遗弃婴儿属于违法行为，也为社会道德所不容，但遗弃婴儿事件还是屡屡发生。在这样的背景下，“弃婴安全岛”的大量出现无疑是对弃婴生存权利的一种有效保护。这些场所的出现改变不了积习已久的遗弃婴儿行为，但可以肯定，它们必将改变众多被遗弃婴儿的命运。

一些案例表明，对弃婴的关注应该是一个完整的链条，兴建“弃婴安全岛”只是其中的一个环节，保护弃婴生存权还有很多工作要做。政府应加大对恶意弃婴行为的打击惩戒力度，更加有效地约束这种违法行为；应当加大宣传力度，告诫家长遗弃婴儿行为违法，让所有家长认识到，面对一个生命，任何理由都是苍白无力的；应当反思一些家长出于无奈遗弃婴儿的社会根源，加强社会保障的力度，比如完善医疗保障制度，对那些经济困难的新生儿家庭、先天患有重症的婴儿家庭提供更好的经济和医疗保障救助，从源头上减少弃婴现象。

专家意见：

“弃婴安全岛”为被遗弃的婴儿提供了基本的保障，但这仅仅是国家保护弃婴的第一步，是在儿童福利制度不完善的情况下，为保护孩子的生命权作出的应急举措，尚需多层次、多方位和综合性配套机制支持。

——北京市青少年法律援助与研究中心主任佟丽华

弃婴现象既有个人原因，也有社会原因；既有观念问题，也有现实问题。“弃婴安全岛”作为一种救助手段，不可能毕其功于一役解决弃婴问题。只有全社会共同努力，从社会保障体系、福利制度、公益支援、法律普及和执行等多方面着手，形成弃婴救助的完整链条，也许才能杜绝弃婴现象。

多管齐下才能避免弃婴岛叫停尴尬

启动 48 天接收 262 名弃婴，这样的“窘境”使广州婴儿安全岛日前对外宣布暂时叫停试点工作。这一事件又一次引起社会公众对弃婴问题的极大关注。

不堪重负　　新华社发　蒋跃新　作

弃婴岛的设计初衷是为被遗弃的生命筑一座“安全小岛”，希望可以改变众多被遗弃婴儿的命运。数据显示，目前我国有

28个省区市建成或正在积极筹建弃婴岛，这充分体现出国家对个体生命的尊重和政府不断推进保护弃婴生存权利工作的努力。

然而，在一些医疗条件较好、交通方便、人口流动大的城市或地区，本为保障弃婴生命的弃婴岛，却因措手不及的“婴满为患”而面临困境，福利机构因此陷入伦理与现实相背离的尴尬，不仅广州婴儿安全岛为此暂停，类似的“窘境”同样出现在南京等其他经济发达城市。一个社会文明进步的探索实践却遭遇了现实的困境，怎能不令人深思。

但无论遇到什么样的困难，在脆弱无辜的弃婴生命面前，社会各界都应当责无旁贷地为护卫生命而努力。首先，要让孩子的父母认识到，面对一个生命，任何遗弃的理由都是苍白无力的，弃婴岛的存在绝不是遗弃小生命的理由；此外，从实际情况看，弃婴岛接收的孩子大部分是病残儿，因而一方面要构筑起预防出生缺陷的有效防线，最大程度减少病残婴儿的出生，还应加快建立健全儿童福利保障制度，减轻困境儿童的家庭负担。

作为一个社会文明进步的探索实践，弃婴岛可以说是保障弃婴生命安全的最后一道防线，弃婴岛的试点工作一定要坚持下去，但前提是弃婴岛外的相关配套举措不断完善。

11 不再“东南飞”，农民工去哪了？
——求解就业和招工“两难并行”

年复一年的“招工难”似乎在提醒人们，“季节性用工荒”“结构性用工荒”已成常态。然而调查发现，事实不仅如此。在招工吸引力上，强弱企业间的“马太效应”日趋明显。“招工难”正在成为企业洗牌的加速器，企业利用大量廉价劳动力加工初级产品谋取发展的时代正在远去，企业转型升级没有退路。同时，我们也要看到，缺乏技能的农民工仍然是就业的老大难。

农民工就业：中西部地区持续较快增长

国务院农民工工作领导小组办公室主任、人力资源和社会保障部副部长杨志明2014年2月20日说，近年来60%以上的农民工就业仍然在东部，但东部地区出现了低增长甚至负增长，中西部地区持续较快增长。

“尽管中西部地区务工收入比东部地区低10%左右，但由于离家较近、生活成本低、便于照顾家庭等因素，使得中西部地区就业的吸引力在增强。”杨志明说，“这也顺应了产业升级和产业转移的需要，促进了劳动力在东中西部之间的合理流动，在一定程度上也促进了各区域劳动用工环境的改善和对农民工的人文关怀。”

杨志明透露，2013 年，全国农民工总量达 2.69 亿人，比上年增加 633 万人。其中，外出农民工 1.66 亿人，比上年增加 274 万人。2013 年外出农民工月平均收入 2609 元，比上年增加 319 元，增长 13.9%。农民工收入已经占到农民人均收入的 50%。

他说，虽然今后一个时期我国农民工总量供大于求现象仍然存在，但就业和招工“两难”的就业结构性矛盾突出。普工招工难反映的是农民工供给的有限性，技工招工难反映的是转型升级过程中技能人才的短缺性。

“从根本上看，农业转移劳动力正从无限供给向有限供给转变，农民工增速放缓，反映的是农业劳动力随着持续大规模转移已不再是一个取之不尽的蓄水池。虽然有潜力，但不是无限的。”杨志明说，农民工就业正从总量压力为主向“两难”结构性矛盾突出转变。

沿海省份招工困难

在许多城市，曾经的春节“空城”，并没有让老板们担心：

过完年农民工还会回来。2014 年元宵节都过完了，老板们着急了：农民工，人都去哪了？

你在哪儿？　　新华社发　蒋跃新　作

记者采访调查发现，马年新春遭遇的招工难是我国就业结构性矛盾的集中显现，也是区域经济发展和产业转型升级对人力资源的再平衡和新需求。求解就业和招工“两难并行”，需要政府综合施策，企业和农民工共同努力。

务工收入虽低，中西部回流明显

2014 年 2 月底，在杭州最繁华的延安路、武林路一带，一些餐饮店门前还张贴着高薪聘请厨师、服务员的招工启示。

一家饭店的经理张进新说："店里本来有20多个厨师、服务员，现在上班的也就一半多。"

节后被称为吸纳劳动力"海绵"的服务业倍感人手紧张。由于没招到厨师，哈尔滨一家饭店用机器做刀削面，每月可省下几千元的工资；在沈阳市东陵区，一家洗车行原本想初八恢复营业，但因没找到新员工只能拖到正月十五后才开门。

用工紧张现象在制造业也十分普遍。位于浙江嘉兴市的闻泰通讯股份有限公司是一家手机加工生产企业，公司副董事长肖学兵说，二期工厂一共有16条生产线，因为招不到工人，目前只开了3条线，用工缺口大约有七八百人。

为了招揽农民工，企业不惜重金。在浙江杭一电器有限公司，门前挂着的巨大横幅写着"招收大量男女新员工"。"介绍一个人奖励200元，比去年涨了一倍。"董事长胡克飞说。

记者采访发现，用工荒在长三角、珠三角地区最为明显。在这些地区依靠"介绍费"来吸引农民工的企业越来越多，即使这样仍旧不能招满。昔日农民工一心"东南飞"的局面已被打破。

2014年春节前，来自安徽阜阳的农民工张浩民收拾好所有家当，准备离开杭州。"我和老婆两个人一个月赚七八千元钱。收入虽然高些，但物价也高，一年到头也攒不下几个钱。节后想先在家里找工作。找不到合适的再说。"

国务院农民工工作领导小组办公室主任、人力资源和社会保障部副部长杨志明在2014年2月20日召开的新闻发布会上说，2013年东部地区农民工比上年减少0.2%、中部地区增长

9.4%、西部地区增长3.3%。

“虽然中西部地区务工收入比东部地区低10%左右，但由于离家较近、生活成本低、便于照顾家庭等因素，农民工回流日渐明显。”杨志明说。

人口红利退去，东部普工技工“双缺”

“农民工找工作往往是春节过后看变化。”杨志明认为，今后一个时期我国农民工总量供大于求现象仍然存在，但就业和招工“两难”的就业结构性矛盾突出。

这位副部长说，当前，普工招工难反映的是农民工供给的有限性，技工招工难反映的是转型升级过程中技能人才的短缺性。

记者采访发现，由于人口红利退去、产业向中西部转移、城市生活成本偏高等因素，导致东部地区正在承受着普工技工“双缺口”的困扰。

杭州市就业管理服务局农村就业指导处处长严红霞说，从去年开始企业普遍反映技工和普工双缺的情况。抽样调查中65%以上企业面临不同程度、不同时间长短的招工压力。“我们认为今年企业招工会比2013年更困难。”严红霞说。

据武汉市人力资源和社会保障局抽样调查，2014年该市缺工将达9万至11万人，比去年增加1万至2万人。电子、餐饮等劳动力密集性企业也普遍缺工。

“现在工地上一个技术工人日薪都在三四百元。”在沈阳做建筑工程的中铁八局项目经理李梁说，而在2010年日薪只有

100多元，“涨了两倍还常常招不够人。”

浙江绍兴金汇纺服有限公司总经理助理李春风说，一线工人保底月薪3500元。“原先有的保险不上还可以省点钱，现在保险全覆盖，每年收入还要上涨10%以上。”

招工难，是不是农民工找活儿更容易了？记者采访发现，在用工市场上并非“剃头挑子一头热”，缺乏技能的农民工仍然是就业的老大难。

家在辽宁朝阳的农民工刘玉久今年52岁，这几年一直在沈阳建筑市场干“打地面”的活儿。

“这是体力活，没啥技术含量。”刘玉久说，有的工地不愿要像他这样年纪大的，“开春不知道还能不能找到活儿干。”

“利用低端劳动力获得发展已经越来越不可能了。”杭州市人力资源市场负责人向明华说，对于新生代农民工来说，无论是用工需求还自身发展，没有一技在手，在外立足越来越难。

破解结构性矛盾，推进“人”的城镇化

人力资源和社会保障部新闻发言人李忠日前表示，就业招工“两难并行”的现象正从沿海地区向中西部地区蔓延。从去年看，缺工问题基本覆盖了全年，元旦、春节期间更加突出。

“这种现象突出反映了我国就业领域的结构性矛盾。”李忠说，“解决就业领域的结构性矛盾是一项长期、艰巨的任务，需要综合施策、多措并举。”

破解“两难”根本之策，是让农民工不是徒手，而是携一技之长进城。对此，人社部提出今年将在全国启动实施“农民

农民工职业技能提升计划	
01	**就业技能培训** 对转移到非农产业务工经商的农村劳动者开展专项技能或初级技能培训。依托技工院校、中高等职业院校、职业技能实训基地等培训机构，加大各级政府投入，开展政府补贴农民工就业技能培训，每年培训 1000 万人次，基本消除新成长劳动力无技能从业现象。对少数民族转移就业人员实行双语技能培训。
02	**岗位技能提升培训** 对与企业签订一定期限劳动合同的在岗农民工进行提高技能水平培训。鼓励企业结合行业特点和岗位技能需求，开展农民工在岗技能提升培训，每年培训农民工 1000 万人次。
03	**高技能人才和创业培训** 对符合条件的具备中高级技能的农民工实施高技能人才培训计划，完善补贴政策，每年培养 100 万高技能人才。对有创业意愿并具备创业条件的农民工开展提升创业能力培训。
04	**劳动预备制培训** 对农村未能继续升学并准备进入非农产业就业或进城务工的应届初高中毕业生、农村籍退役士兵进行储备性专业技能培训。
05	**社区公益性培训** 组织中高等职业院校、普通高校、技工院校开展面向农民工的公益性教育培训，与街道、社区合作，举办灵活多样的社区培训，提升农民工的职业技能和综合素质。
06	**职业技能培训能力建设** 依托现有各类职业教育和培训机构，提升改造一批职业技能实训基地。鼓励大中型企业联合技工院校、职业院校，建设一批农民工实训基地。支持一批职业教育优质特色学校和示范性中高等职业院校建设。

工职业技能提升计划"，每年投入 100 亿元资金，培训 1000 万人次，以新生代农民工为重点。到 2020 年，使 80、90 后农民工都有机会接受一次政府补贴性就业技能培训，基本消除新成长劳动力无技能从业现象。

其次，用工荒也警醒产业转型升级势在必行。杭州社会科学院社会学研究所研究员傅立群说，要引导企业转型升级，向产业链高端发展，向效益、品牌要利润，同时加大“机器换人”力度。政府应在税收、融资等方面给予扶持和帮助，帮助企业渡过难关。

“要加快推进‘人的城镇化’，才能留得住农民工。”东北财经大学教授肖兴志表示，一些农民工弃大城市而去，是买不起房、社会保障不健全等老问题的显现。因此，应鼓励有条件的地区，优先将签有劳动合同、有长期稳定收入的农民工纳入城市住房保障范围，让他们在城市稳定生活。

此外，人社部还提出将扶持“城归”回乡创业。截至去年底，全国“五有”农民工，即有点技能、有点资金、有点营销意识、有点办厂能力、对农村有感情，发展很快，已有200多万人。

“如果说把海外的留学生回国创业称作‘海归’，也可把这些农民工返乡创业称作‘城归’。”杨志明说，扶持“城归”可促进劳动力在东中西部之间的合理流动，对于缓解“两难并行”的问题具有现实意义。

三个农民工的经历折射出的就业观

“招工难”“就业难”并存现象由来已久，近年来有愈演愈烈之势。记者近日采访了三位出生于不同年代的城市外来务工人员，他们的经历在一定程度上折射出农民工就业观念的变化。

“70后”安国明：有活干、多赚钱

42岁的安国明是湖北孝感人，从荆楚之地来到沈阳也有六七年光景了。他从最底层的抹灰工干起，如今已经成为带着10多个弟兄干活的小包工头。

> **三个农民工的就业观：**
> “70后”安国明：有活干、多赚钱
> “80后”胡铭慧：职业发展更重要
> “90后”王雷：想留在大城市，多开开眼界

“招工难对我们来说是好事，年年能多挣钱。”安国明说，比起前些年工资确实涨了不少。现在建筑工地技术工种每天能拿到300多元，而4年前只有100多元。

“工资虽然涨了，但啥不涨啊？”安国明说，他一年虽然能赚几万元，但大部分都汇给了老家。

“媳妇照顾家、儿子要结婚，都需要钱。”他说，今年春节前3天，才从大包工头那里要到了最后一笔工钱。由于没有买到火车票，他只能坐10多个小时的长途大巴回家。

虽然元宵节都过完了，但东北仍然寒气逼人，建筑工地还没有复工。

记者问：“还来沈阳干活吗？”

安国明说：“到了三月份就来，那时候招工的就多了。”

记者问：“有没有打算在沈阳安家？”

安国明摇摇头说：“沈阳房子贵，而且老婆儿子都在老家。能带着老乡们找上活儿干就行了。”

并不想在大城市里落脚的安国明有个愿望，工资再涨一点，能像上班的城里人那样，按月开工资，不发愁年底拿不到

钱。在他心中，能找到活儿、多赚钱、赚安稳钱，就是自己最大的愿望。

“80后”胡铭慧：职业发展更重要

胡铭慧1984年出生在江西赣州的一个农村。2006年进入浙江省温州市一家大型民营服装企业工作，从技术员干起，现在已经成为企业加盟中心总经理助理，目前税后年收入有30万元左右。

“现在有能力为父母分忧了，每个月都会给夫妻双方的父母寄钱。如果有好的机会也不排除回老家发展。”胡铭慧告诉记者，他已经花了40多万元在老家买了房子，在温州也有了自己的车子，将来回老家或者留下来都有了一定的经济基础。

谈及当时为什么选择这家公司，胡铭慧说，公司会花将近一年的时间培养新人，包括新员工的职业规划、职业技能、职业规范、职业心态等。此外，公司还有自己的大学堂、内部培训等平台，可以提高员工的工作技能。

“其实刚进来的时候收入真不高，看中的就是职业发展空间，这比加薪更重要。”胡铭慧说，从一无所有到上市公司的“小头目”，除了自己拼搏努力外，正确的就业观也很重要。

“90后”王雷：想留在大城市，多开开眼界

头发染黄烫卷、穿着紧身棉衣的王雷1992年出生在河南省息县张陶乡，小学毕业后跟着开饭店的父母到了杭州，在当地一家职业中学学做厨师，毕业后帮着父母干了一段时间。3

年前父母返乡创业，王雷一个人留了下来。

别看王雷年纪小，去过的地方、干过的工作可不少。他说，北京、上海、云南、新疆都去过。有时候是去打工，有时候就是去玩。除了在饭店，他还尝试过在网吧、汽车修理店工作，但时间都不长。

“有时候是不想加夜班，有时候是跟老板顶了嘴，还有就是朋友喊我一块去旅游，就不干了。”他说。

问及为什么不跟着父母一起回去，他说故乡的记忆已经十分模糊，也没有什么朋友，反而是生活了多年的杭州更像是他的故乡。

“觉得杭州挺好的，没感觉自己是外乡人。虽说老家生活成本低，可毕竟是个小地方。还是想留在大城市，多开开眼界。”王雷坦言。

在王雷看来，父母多年经营饭店实在是太辛苦，自己虽然学的是厨师，可将来并不想往这个方向发展。他想趁着自己年轻，多学点技术，将来开个花店或者奶茶店，做个小老板。

“那样赚钱肯定比打工多，也有足够的自由。将来的事情也没有考虑太多，反正我还年轻，就走一步算一步吧。”王雷甩了甩落在脑门前的头发，轻松地说。

“招工难”提醒企业转型升级

春节过后，沿海一些企业又遭遇招工难。年复一年的“招工难”似乎在提醒人们，“季节性用工荒”“结构性用工荒”已成常态。然而记者调查发现，事实不仅如此。在招工吸引力上，强弱企业间的“马太效应”日趋明显。“招工难”正在成为企业洗牌的加速器。

每年春节后的招工高峰，实际都是市场这只无形大手指挥下的劳动力重新优化配置时段。在浙江的用工市场，如果提供不了月薪 3000 元并且包吃住的条件，企业就很难招到员工。而那些技术型、待遇高、保障好的企业，招工其实很容易。这说明，企业转型升级程度如何，将决定其未来发展及生死。

> **什么是马太效应？**
>
> 马太效应（Matthew Effect），指强者愈强、弱者愈弱的现象，广泛应用于社会心理学、教育、金融以及科学等众多领域。其名字来自圣经《新约·马太福音》中的一则寓言：“凡有的，还要加给他叫他多余；没有的，连他所有的也要夺过来。”“马太效应”与“平衡之道”相悖，与张弓效应属相对应范畴，二者具有相辅相成的内在机制；同时与“二八定则”有相类似之处，是十分重要的自然法则。

数以亿计的农民工曾经为工业化发展提供了源源不断的廉价劳动力，然而随着经济发达地区城市生活成本迅速提高、统筹城乡区域发展进程加速、保护劳动者权益力度加大，农村富余劳动力在家门口挣钱越来越容易。一、二、三产业之间，沿海与内地、大城市与中小城市之间都在激烈争夺劳动力。这种变化有利于扩大农民工就业主动权，可对企业来说却是一道残酷的选择题：要么提高工资待遇，降低利润博取发展；要么招不到工人，在大浪淘沙中销声匿迹。年复一年的“招工难”似乎在提醒人们，“季节性用工荒”“结构性用工荒”已成常态。然而记者调查发现，事实不仅如此。在招工吸引力上，强弱企业间的“马太效应”日趋明显。“招工难”正在成为企业洗牌的加速器。

“招工难”现象说明，利用大量廉价劳动力加工初级产品谋取发展的时代正在远去。企业转型升级没有退路。

12 我们离网络强国还有多远？
——聚焦中国网络安全

当今世界，信息技术革命日新月异，互联网已经融入社会生活的方方面面。我们国家正处在信息化浪潮之中，受到的影响越来越广泛、越来越深刻。然而，不容忽视的是，就在我们为信息化带来的进步欢欣鼓舞时，网络安全问题也已成为信息化时代面临的严峻挑战之一。2014 年政府工作报告中明确提出“维护网络安全”。这表明，网络安全已成为关乎我国信息化战略能否全面落实的关键一环。

“维护网络安全”首次写进政府工作报告

2014 年政府工作报告，首次出现“维护网络安全”这一表述，部分全国人大代表在接受记者采访时表示，这意味着网络安全已上升到国家战略。

就在 2014 年两会前夕，中央网络安全和信息化领导小组于2月27日成立，习近平总书记担任组长，李克强、刘云山任副组长。

> 我国网络安全的三大缺陷：
> 缺陷一：关键设备不自主。
> 缺陷二：审查制度不缜密。
> 缺陷三：监管系统不完善。

全国人大代表、浪潮集团董事长孙丕恕连续7年提出了有关网络安全的建议，他说，由党和国家最高领导人担任网络安全和信息化领导小组负责人以及在政府工作报告中写入维护网络安全的内容，表明我国已将网络安全提到前所未有的高度。

2014年是我国接入国际互联网20周年。中国互联网网络信息中心发布的报告显示，截至2013年底，我国网民规模突破6亿，手机用户超过12亿。此外，2013年我国网络购物用户达到3亿，电子商务交易规模突破10万亿元人民币。

全国人大代表、中国电信湖南分公司总经理廖仁斌说，尽管数据证明我国已是“网络大国”，但还算不上“网络强国”，特别是网络安全已成为我国的“短板”，与发达国家相比差距很大。

孙丕恕表示，我国在信息化方面飞速发展，中国人积累数据的速度很快会超过美国，但不解决网络安全问题，网络强国梦就不可能实现。“维护网络安全”写进政府工作报告，将对我国互联网发展带来深远影响，彰显我国加快信息化发展的决心。

那些让人触目惊心的网络“不安全事件”

近年来，网络安全事件时有发生，让人触目惊心。

安卓 APP 随意调取用户隐私信息

2013 年 3 月 15 日，央视“3·15”在行动晚会曝光了多款安卓 APP 在用户安装时就自动调取用户的通讯录、地理位置等隐私信息，明文上传和分享这些信息的调查。

“我估计没有人没接过骚扰电话，你都不知道他们是怎样知道你的电话的。”全国政协委员杨文说，“我看到这期节目时，觉得智能手机存在的网络信息安全隐患实在太大了。”

“密码外泄门”影响 4000 万用户

2011 年 12 月，CSDN 的安全系统遭到黑客攻击，600 万用户的登录名、密码及邮箱遭到泄漏。随后，CSDN“密码外泄门”持续发酵，人人网、开心网、世纪佳缘、百合网、美空网等网站相继被曝用户数据遭泄密。天涯网于 12 月 25 日发布致歉信，称天涯 4000 万用户隐私遭到黑客泄露。

全国人大代表、山东省东岳集团首席科学家张永明告诉记者，为了保护集团保密期内的技术开发信息或商业机密，集团每年都会拿出一部分经费专门用于保障网络信息安全。集团和一家公司特意定制了带有保密信息的邮件发不出去的“一把锁”，但依然特别担心信息外泄。

“心脏”大出血　　新华社发　程硕　作

2000 万条开房信息被泄露真相不明

2013 年 10 月，“2000 万条开房信息被泄露”的消息，让杭州的一家 IT 企业——浙江慧达驿站网络有限公司进入公共视野。国内一家安全漏洞监测平台 8 月 21 日上传、10 月 5 日公布的报告称，如家等大量酒店客户开房记录被第三方存储并因漏洞导致泄露。而如家、咸阳国贸大酒店、杭州维景国际大酒店等全部或部分使用了浙江慧达驿站网络有限公司的酒店 WiFi 管理、认证管理系统。

作为事件的受害人之一，一位上海市民在 11 月份向上海浦东新区法院起诉汉庭星空（上海）酒店管理有限公司和浙江慧达驿站网络公司，索赔 20 万元。但慧达驿站相关部门负责人表示曾存在漏洞，但已修复，没有造成开房记录等住客个人信息泄露，愿出资 20 万元奖励能够帮助查清“自己冤屈”的人。

“棱镜门”暴露国家安全已面临威胁

美国情报部门雇员斯诺登在 2013 年 6 月将美方“棱镜”等秘密监控计划的系列曝光，重新唤起对网络安全问题的重视。根据斯诺登披露的文件，美国国家安全局可以接触到大量个人聊天日志、存储的数据、语音通信、文件传输、个人社交网络数据。

全国人大代表、浪潮集团董事长孙丕恕认为，斯诺登事件暴露出美国可以通过“巧言计划”等手段，掌握其销售海外的软硬件技术产品实际的部署信息，可以很容易地绘制出购买国信息系统布防图，其设在国家安全局下的“定制入口组织”，完全可以借助后门、漏洞等手段，控制他国的信息设备、窃取核心数据、瘫痪业务系统。

从网络大国到网络强国有多远?

什么原因导致网络“不安全”？会带来哪些风险？该怎样筑牢网络“防火墙”?

参加 2014 年两会的代表委员认为，我国要实现建设网络强国的战略目标，第一步就应跨过网络安全关。

三大缺陷导致“网上裸奔”

有人将我国网络安全形容为“裸奔”“不设防”，接受采访的部分代表委员认为，这主要源于我国网络安全的三大缺陷。

缺陷一：关键设备不自主。全国人大代表、浪潮集团董事长孙丕恕说，我国金融、电信、能源、政府、交通等领域的信息化系统主机装备中，近一半采用的是外国品牌产品，金融电信等领域99%的主机装备为外国品牌所把持。

缺陷二：审查制度不缜密。孙丕恕代表说，近年来美国以国家信息安全为由，一直在阻止中国IT产品在美国本土参与竞标。反观我国就没有这样的审查制度，在许多采购案例中，关键设备、重要系统都优先采购国外的。“这等于把自己的秘密置于别人的眼皮底下。”

缺陷三：监管系统不完善。目前，我国的基础电信运营商已初步建立移动互联网恶意程序监测、上网日志留存等技术防范手段，国家有关部门也初步建立监测处置系统。“但这些手段更多是事后处置，很难在事前、事中对信息安全事件进行综合防范，甚至在事后还不能及时溯源。”全国人大代表、中国电信股份有限公司湖南分公司总经理廖仁斌说。

> **如何真正筑牢网络“防火墙”：**
> 1. 实施关键信息设备国产化工程。
> 2. 完善信息安全技术标准。
> 3. 健全法律体系、理顺监管体制。

网络“不设防”，个人风险知多少

网络安全失守，对国家来说，可能意味着对整个国家安全的威胁；对个人来说，风险一点儿也不少。

全国人大代表、中国移动通信集团浙江有限公司董事长郑杰认为，互联网时代尤其是移动互联网以及大数据时代到来，对公民个人信息安全提出了严峻挑战。

去年 3 月，媒体报道多款安卓 APP 在用户安装时就自动调取通讯录、地理位置等隐私，明文上传和分享这些信息。

一项受工信部信息安全协调司委托的调查显示，60%受访者遇到个人信息被盗用的问题，60%的受调查对象对个人信息保护的现状表示不满。

除了个人信息或隐私遭泄露，消费者的钱包也有可能在网上"被拉开"。"移动互联网开放与快捷，让应用开发者高度关注用户体验和感知，常常简化或忽视信息安全的设计，如基于'位置'和'计费'类的业务就让个人信息时时处处在'线上'，成为不法分子攻击和利用的重点。"廖仁斌说。

部分代表委员认为，过去的一年，以余额宝为代表的互联网金融可谓风生水起。但在网络安全有风险的情况下，互联网金融的规模越大，风险也越大。互联网金融天生就具有"双重风险"，除了传统金融业的风险，因为互联网金融的活动基于网络进行，网络安全的风险也要叠加进来。

新华社评论：

网络安全和信息化是一体之两翼、驱动之双轮。国家发展进步离不开信息化。而健康有序的信息化必须以网络安全为保障。我们不能在信息化道路"一骑绝尘"，却在网络安全方面疏于防范，不计后果。做好网络安全和信息化工作，必须处理好安全和发展的关系，做到协调一致、齐头并进，以安全保发展、以发展促安全，努力建久安之势、成长治之业。

筑牢“防火墙”还要做什么?

部分代表委员认为，没有网络安全，就没有国家安全。我国已充分认识到网络安全的重要性，但要真正筑牢“防火墙”，还有不少工作要做。

实施关键信息设备国产化工程。孙丕恕认为，要从根本上解决国家网络安全问题，当务之急是要发展自主可控的信息技术，逐步用国产品牌替代国外品牌，为维护国家网络安全打好物质基础。

完善信息安全技术标准。据介绍，我国移动互联网信息安全技术标准尚处于就事论事阶段，应用程序上线前只是在利益商之间开展简单的评估审核，缺乏国家监管层面统一的软件安全认证机制。郑杰说，要从战略高度加快制定信息安全的技术标准。

健全法律体系、理顺监管体制。廖仁斌认为，由于缺乏法律法规的支撑和保障，进而影响到规范有效的监管，移动互联网产业链参与者的基本行为难以全面规范和约束，多头管理造成职能交叉，权责不一导致效率不高，打击违法犯罪活动的效果同样不佳。因此，必须尽快解决法律体系不健全、监管体制不顺畅等问题。

唯有“自主”，才能“可控”

在网络安全问题上，“自主可控”是我们追求的目标。唯有“自主”，才能“可控”。而“自主性”不强，正是我们的弱点。

当前我国多个重要领域的信息化系统主机装备大部分为外国品牌把持，在这种情况下维护国家网络安全，就如同端着人家的饭碗来谈自家的粮食安全一样。由此，解决国家网络安全问题，重要前提就是把国家网络建立在自主的产品之上。

关键设备不“自主”的背后，是核心技术不“自主”。我们在操作系统、芯片、软件、云计算、大数据等互联网核心技术方面与发达国家还有不小差距。而这些核心技术，靠买是买不来的，必须自主创新才能打破技术壁垒。有了自主的核心技术、过硬技术，才能真正建起国家网络安全“防火墙”。

核心技术不“自主”，根本原因在于人才不“自主”。网络安全牵扯设备的问题、技术的问题，归根到底还是人的问题。我国网民数量世界第一，但如习近平总书记所说，“千军易得，一将难求”。没有自主的高水平网络科技人才、高水平创新团队，就没有自主的核心技术，也不会有自主的关键设备。维护国家网络安全，从长远看就要下大力气培养自主的世界水平科学家、网络科技领军人才、卓越工程师。

没有网络安全，就没有国家安全，网络安全已经上升为国家战略，而这一战略目标的实现，最根本的立足点就是“自主”二字。

为信息化筑牢“安全篱笆”

政府工作报告中明确提出“维护网络安全”。这表明，网络安全已成为关乎我国信息化战略能否全面落实的关键一环。

当今世界，信息技术革命日新月异，互联网已经融入社会生活的方方面面。我们国家正处在信息化浪潮之中，受到的影响越来越广泛、越来越深刻。从小处来讲，我们正享受着即时通讯、电子商务、信息资讯、地理位置、互联网金融等信息化应用服务带来的种种便利；从大处来说，国家已经明确提出宽带网络是新时期我国经济社会发展的战略性公共基础设施，发展宽带网络对拉动有效投资和促进信息消费、推进发展方式转变和小康社会建设具有重要支撑作用。

不容忽视的是，就在我们为信息化带来的进步欢欣鼓舞时，网络安全问题也已成为信息化时代面临的严峻挑战之一。2013 年，美国中情局前雇员斯诺登让“棱镜”等国家级网络攻击与窃听计划意外曝光。在此之后，一系列重大网络危机事件接连发生，Facebook 漏洞使 600 万用

> **新华社评论：**
>
> 我国网民数量世界第一，但如习近平总书记所说：“千军易得，一将难求”。没有自主的高水平网络科技人才、高水平创新团队，就没有自主的核心技术，也不会有自主的关键设备。维护国家网络安全，从长远看就要下大力气培养自主的世界水平科学家、网络科技领军人才、卓越工程师。

户电话号码泄露、DNS系统被攻击导致网络拥塞……网络安全因此成为全球瞩目焦点，需从国家安全角度审视本国信息技术自主化的重要性。

信息化解决发展问题，网络安全提供发展保障。网络安全和信息化是一体之两翼、驱动之双轮。国家发展进步离不开信息化，而健康有序的信息化必须以网络安全为保障。我们不能在信息化道路“一骑绝尘”，却在网络安全方面疏于防范，不计后果。做好网络安全和信息化工作，必须处理好安全和发展的关系，做到协调一致、齐头并进，以安全保发展、以发展促安全，努力建久安之势、成长治之业。

对正全面拥抱信息时代的中国而言，网络安全和信息化对很多领域牵一发而动全身。我们必须看清信息化总体形势，充分认识网络安全的重要性和紧迫性，为全面实现信息化筑牢“安全篱笆”。

13 科学界的“癌细胞”如何切除？——聚焦打击科研不端行为

屡屡曝出的学术不端事件在损害科学界公平、正义的同时，也破坏了公众对科学的信心，影响我国创新型国家的建设。学术不端行为为何屡禁不止？如何才能从根本上规范科学道德？人们期待对学术不端行为要有“零容忍”的态度，更要有出“重拳”的具体行动。只有如此，才能打出一片科研净土。

科研不端行为屡曝抹黑科学殿堂

作为一个认识客观规律，去伪存真、追求真理的过程，科学研究理应容不得半点虚假和欺骗。但近年来我国却数次曝出科研造假等不端行为和事例，屡屡刺痛国人的神经。

2006 年，上海交大微电子学院原院长陈进在负责研制“汉芯”系列芯片过程中存在严重的造假和欺骗行为。陈进被撤销院长职务和“长江学者”称号、解除教授聘用合同、追缴

剽　　新华社发　商海春　作

相应科研经费。

2009年，浙江大学校曝出“贺海波论文造假事件”，原药学院副教授贺海波被开除出教师队伍，贺海波所在的中药药理研究室主任吴理茂被解聘，时任院长、中国工程院院士李连达任期届满不再续聘。

2011 年，科技部发布通告，由于 2005 年国家科学技术进步奖二等奖获奖项目“涡旋压缩机设计制造关键技术研究及系列产品开发”的推荐材料中存在代表著作严重抄袭和经济效益数据不实的问题，正式撤销西安交通大学原教授李连生等获国家科学技术进步奖二等奖的决定，收回奖励证书，追回奖金。

中国科学技术协会 2009 年开展的一项调查显示，在中国，包括科研机构、高校、医学研究机构和医院的工作人员在内的近半数科研工作者认为学术造假“非常普遍”。此调查共有 30078 名受访者。

世界范围内，科研不端或学术造假行为同样可谓应接不暇，贝尔实验室的舍恩、韩国首尔大学的黄禹锡等造假“学术明星”不仅震惊了全世界科学界，损害了科学界公平、正义，更破坏了公众对科学的信心。

为了遏制科研不端行为，从党中央、国务院到各部委、院校、学术团体，一系列文件、规章制度纷纷出台，科研不端可谓人人喊打。

时任科技部部长万钢说，科技管理人员应该像护林人，精心呵护科技这个大森林的发展。期望各界找出存在于科技队伍当中的“蛀虫”，“科技森林”才会更加繁荣昌盛。

如何切除科学界的“癌细胞”

> **专家观点：**
> 科研诚信建设是一项关系科技事业长远健康发展的系统工程，需要在国家层面进一步完善顶层设计，加强统筹协调，推进信息共享和部门分工协作。
> ——国家自然科学基金委员会主任杨卫

屡屡曝出的学术不端事件在损害科学界公平、正义的同时，也破坏了公众对科学的信心，影响我国创新型国家的建设。学术不端行为为何屡禁不止？如何才能从根本上规范科学道德？专家表示，对学术不端行为要有“零容忍”的态度，更要有出“重拳”的具体行动。

科研诚信现状不容乐观

伪造篡改实验数据，随意侵占他人科研成果，利用职权在自己并无贡献的论文或成果上署名，一稿多投，学术评审和项目申报中突出个人利益，挪用科研经费……这些科研不端行为在国内外屡屡发生，让世界范围内科研诚信都面临挑战。

“目前科研诚信建设所面临的问题不容乐观。”国家自然科学基金委员会主任杨卫说，“科技界的主流是好的，但科研工作中也出现一些不容忽视的问题，如伪造、篡改、剽窃等不端行为时有发生。同时，学风浮躁、学术失范也有所滋长。”

“科研诚信问题特别是不端行为，正在侵蚀学术的肌体，对科技事业健康发展产生消极影响。”杨卫对此痛心不已。

据统计，自2010年至2013年6月30日，仅自然科学基金委监督委员会就受理投诉举报468件，其中实名举报152件。

近年来基金委查出弄虚作假38人次，论文重复发表15人次，抄袭剽窃17人次，造假、篡改数据6人次，其他7人次。

打击科研不端行为“关口前移”

恪守科学道德，遵循学术规范，是科技创新发展的根本要求。目前，一些部门对科研不端行为的打击逐渐“关口前移”，主动出击坚决查处。

> **新华社评论：**
> 惩治科研不端，必须痛下决心。如果在发现不端行为时不能及时施以重拳，严格惩处，却处处大事化小、小事化了，曝光时躲躲闪闪，查处时瞻前顾后、扭扭捏捏，非但不能给弄虚作假者以棒喝，还会使心存侥幸者产生错觉，助长更严重的歪风邪气。

比如国家自然科学基金委开发了项目相似度检查系统，对485对高相似度项目申请书进行了分析研究，结果查出利用已经获得资助项目再次申请基金的有38人，还有利用相同申请书同年不同人申请的有14件。

不少高校也积极构建学风监控和防范体系，包括设立独立于行政体系之外的学术道德委员会、制定学校学术道德行为规范及管理办法、加强对教师和科研人员的学术道德教育等。

根治不端行为、净化学术风气，让学术腐败成为人人喊打的“过街老鼠”，已成为社会各界的强烈共识。2010年至今，国家自然科学基金委对105位科研不端行为当事人分别作出了通报批评、内部通报批评、书面警告等相应处理；对43个已批准的科学基金项目作出撤销项目的决定；3 位被举报“杰青”建议资助项目申请人未获得资助。

一批科研不端行为被举报、查实，当事人受到严厉惩罚。比如西安交通大学原教授李连生等获得的 2005 年国家科学技术进步奖二等奖被撤销；浙江大学药学院原副教授贺海波因论文造假被开除出教师队伍等。

但是，目前对科研不端行为的查处并非十分有力。国家自然科学基金委监督委员会主任陈宜瑜院士表示，对很多匿名举报的真实性难以核实，同时对不端行为的事实认定也有多种障碍，而网络举报由于很多信息难以核实，认定更加困难。

“总体上看，我国还缺乏防范和惩治科研不端行为的法规制度，在不端行为的认定和处理方面，还存在认识标准比较模糊等问题。”杨卫说。

防范科研不端长效机制亟待建立

源洁流清，本固枝荣。治理学术不端绝非朝夕之功，迫切需要长效机制。

在我国，社会上急功近利、浮躁、追求短期效应之风日渐侵蚀科学界，部分科技人员职业道德缺失，以及科技管理体制存在问题都是造成学术不端行为的主要原因。

有专家表示，防止科研不端行为出现必须首先为科学研究创造良好的环境。如在成果评价方面应更注重科研人员的论文质量而不是数量；为研究人员提供更稳定、可持续的经费来源；加强早期科研职业道德建设，在大学中普及科研职业道德教育等。

惩治不力是科研不端行为频发的原因之一。目前我国尚无完整有效地防止和惩处学术腐败的法规。专家呼吁，要用“重典”治理科研不端和腐败，以儆效尤。

“监督委员会将会继续大力遏制科研不端行为，对不端行为‘零容忍’，对影响恶劣的案例坚决予以通报。”陈宜瑜说，同时要建立不端行为案件库和诚信档案库。

“科学基金对促进国家科研诚信体系建设负有重要责任。”杨卫说，基金委将对已经结题的基金项目进行公开，方便社会监督。

杨卫还表示，科研诚信建设是一项关系科技事业长远健康发展的系统工程，需要在国家层面进一步完善顶层设计，加强统筹协调，推进信息共享和部门分工协作。

据悉，科技部、教育部、中科院、工程院、自然科学基金会、中国科协等 6 部门已建立了科研诚信建设联席会议制度，联手打击学术不端行为。

德国如何防科研经费被贪吞挪骗

虽然各个国家对科研都有战略部署与规划，但德国政府不会大张旗鼓地对科学家的研究方向进行直接引导和干预，德国教授普遍无须违背自己的科研兴趣去申请项目。

在德国，科研项目的资金来源主要有三，一是德国科学基金会，二是教授与企业直接合作，三是政府主导策划的项目。其中，德国科学基金会项目的权重远超其他，是衡量教授或高校科研水平的标杆；与企业进行合作的多为应用型科技大学，其与综合性大学的基础科研区别明显；政府主导的项目则大多偏重实际应用，数目不多。

专家观点：

科研诚信建设是一项关系科技事业长远健康发展的系统工程，需要在国家层面进一步完善顶层设计，加强统筹协调，推进信息共享和部门分工协作。

——国家自然科学基金委员会主任杨卫

通常来说，在德国，每位教授都可根据自己的兴趣向德国科学基金会提出项目申请，由后者组织该领域专家进行评审。这些评审专家通常被要求在近十年内与项目申请人（甚至是申请人所在学校）没有任何公开的合作关系，如果国内找不到这样的专家，甚至不惜去国外请来。

这些专家如何判断项目的可行性呢？一位当过评审的华人教授告诉记者，他们一般会从申请项目对该学科发展的价值出发进行判断，“不会受太多现实因素影响。”

在这位教授看来，这样的评审立场，并不会与国家和社会发展的需求矛盾。“一方面，学科的价值本身也包含了人文关怀；另一方面，学科发展了，解决实际问题的科研能力才会真正变强。而且，科研项目的设想都是科学家自己的灵感，这是最容易出成果的。”

而对德国教授来说，申请到的项目不管多少，都不会构成什么业绩压力。“一般教授手头就两三个项目，太多就没法专心，申请新项目时也通不过，这是常识。”

不仅如此，教授手里有几个项目，与其享受的物质待遇没有直接关系。一般来说，不论从哪里获得项目资金、不论项目多寡，德国教授的每月工资仍是在法定基础上与校方商定的薪额。

就项目资金而言，尽管教授享有充分支配权，但出纳和审查都掌握在第三方手中。德国科学基金会以及隶属国家的独立审查机构还会对项目开支进行抽查，每笔钱的去向都必须长年留资，且要能与当时科研的实际需求吻合。

此外，申请到的项目资金，用途有严格限定。吃饭宴请不能报销，差旅费有限，一些基本硬件设施要自理，这都是规定死的，给招聘的科研人员开多少工资也有严格的法律规定，基本没有什么漏洞。

在怎样用钱方面，德国对教授的限定是严格的，但用钱的效果方面，却又宽严有度。据受访教授们介绍，在德国，一个科研项目周期一般是三到五年，如果科研过程中发现原来的方案不可行，只要理由充分，教授们也可提出转换研究思路，甚至五年期满原来的设想宣告失败，“但你从失败中发现了新的东西，想继续尝试，也可以申请将项目延长一期，很多科学发现就是这么来的”。

换句话说，没有人要求教授们在项目结题时一定要发表多少论文，出多少专利，“但审查专家会仔细听你到底有没有真正进行研究，有多少收获。如果老出不了成果，你自己从事的研究也很难往前推动，这本身就是一种压力”。

值得一提的是，德国的教授们普遍珍惜这一职业所带来的自由与尊严。在德国，当上大学终身教授非常难，本身就是一种荣誉，受到社会尊重。同时，大学教授们在自己的科研领域享有充分自由，校方无权对教授的科研计划、人员招聘等进行干涉。

一位教授说："如果你想挣钱，那么就去企业，留下来的，都是真心喜欢安安静静做科研的人。值得庆幸的是，在这儿我们的确有这样的科研环境。"

"刮骨疗毒"方能换来科研净土

2013 年 8 月，国家自然科学基金委通报了多起科研不端典型案例，伪造、篡改、剽窃……种种不端行为让人触目惊心。再看近年来一系列频频让中国学术界蒙羞的丑闻，更说明科研不端行为正如病毒般侵蚀着科学研究的肌体，不痛下决心治疗，科研环境就难以纯净。

> **什么是"SCI"崇拜？**
>
> SCI 论文就是科研机构的 GDP，目前已成为衡量大学、科研院所和科学工作者学术水平最重要的、甚至是唯一的尺度，拿硕博学位、评职称、申请经费、评奖、晋升乃至评选院士，几乎无不与之挂钩。国人的"SCI 崇拜"达到了令人瞠目结舌的地步，以致网上有人戏称 SCI 是"Stupid Chinese Idea"（愚蠢的中国想法），学术界和社会舆论有人提出取消 SCI 论文作为硬指标，也有人认为不能取消，主张改进，各种意见莫衷一是，争论持续至今。

人们为国家自然科学基金委自揭"家丑"的行为叫好，因为只有这样铁下心、黑下脸，将学术行为不端者钉上耻辱柱，方能警醒后人，引导广大科研人员遵守职业道德，潜心科学研究。

科学研究是创造性活动。只有在严格的职业标准、严谨的道德规范、健康的研究环境中，科学研究才能多出成果、出好成果，才能持续发展，不断造福人类。

惩治科研不端，必须痛下决心。如果在发现不端行为时不能及时施以重拳，严格惩处，却处处大事化小、小事化了，曝光时躲躲闪闪，查处时瞻前顾后、扭扭捏捏，非但不能给弄虚作假者以棒喝，还会使心存侥幸者产生错觉，助长更严重的歪风邪气。

惩治科研不端，更要敢于“刮骨疗毒”。种种科研学术造假行为，莫不与管理体制机制有关。清楚科研造假现象，应当大胆改革科技管理体制机制，加强对科研经费申请、使用的过程监管，建立客观、公正、独立的学术申报和评奖制度。应彻底反思“论文至上”和“‘SCI’崇拜”的错误思维和做法，摒除考核体系中的非正常导向，铲断不端行为背后的利益链条，让不端行为变得不划算，乃至不可能。

期待更多单位向科研不端行为挥出重拳，打出一片科研净土。

14 有形之手能否根治银行服务乱收费？
——聚焦银行服务收费新规

近年来，银行不合理收费问题备受关注。随着监管部门专项治理的推进，目前这一现象已有所改观，但一些关键性的问题依然存在，与服务实体经济的要求和社会期望仍有较大差距。为此，2014 年 2 月 14 日国家发展和改革委员会、中国银监会联合发布商业银行服务收费新规。那么，这些新政策新措施能否惠及城乡居民、企业，促进银行业健康发展？能否根治广为诟病的乱收费？

商业银行服务收费新规出台

2014 年……国家发展和改革委员会、中国银监会联……新规，自 2014 年 8 月 1 日起有条件……养老金异地取款手续费，并……商业银行服务政府指导价政府定价目录的通知》，商业银行为银行客户提供的基础金融服务实行政府指导价、政府定价管理，包括部分转账汇款、现金汇款、取现和票据等服务项目，具体收费项目和标准按《商业银行服务政府指导价政府定价目录》执行。

通知明确，商业银行免收社会保险经办机构和本行签约开立的个人基本养老金（含退休金）账户，每月前2笔且每笔不超过2500元（含2500元）的本行异地（含本行柜台和ATM）取现手续费。

对于银行客户账户中（不含信用卡）没有享受免收账户管理费（含小额账户管理费）和年费的，通知要求商业银行应根据客户申请，为其提供一个免收账户管理费（含小额账户管理费）和年费的账户（不含信用卡、贵宾账户）。

两部门还要求商业银行为银行客户提供账户变动短信提醒服务并收费的，应事先通过网点或电子渠道等与银行客户签约；未与银行客户签约的，不得收费。

中央财经大学中国银行业研究中心主任郭田勇说，新规有助于降低银行客户的负担，满足公众和企事业单位的基本金融服务需求，并减少争议和纠纷。短期内银行的业务收入可能受到一定的影响，但长期看将会促进银行业竞争能力和服务水平的提升。

中国人民大学法学院副教授孟雁北表示，出台商业银行部分服务指导价和定价政策不仅是对消费者热议和关注问题的回应，也符合《消费者权益保护法》的立法目的和法律规定。

商业银行服务收费规范大事记

2003年6月，中国银监会和国家发改委出台《商业银行服务价格管理暂行办法》，将商业银行服务价格分为政府指导价和市场调节价，赋予商业银行自主定价权。

2007年4月，中国银行业协会要求各会员银行停止收取人民币银行卡ATM境内跨行查询费用。

2010年6月，针对部分商业银行向个人收取零钞清点费问题，国家发改委和银监会对外公布暂停银行收取零钞清点费。

2010年12月，中国银行业协会对外发布了《关于加强银行服务收费自律工作的六点共识》，进一步规范收费行为，要求商业银行主动减免部分收费项目。

2011年3月，银监会、央行和国家发改委出台《关于银行业金融机构免除部分服务收费的通知》，进一步扩大了银行减免收费的范围，要求银行向社会免费提供11类34项服务项目，基本囊括了涉及广大群众切身利益的密码修改、重置费，

> **专家观点：**
>
> 新规有助于降低银行客户的负担，满足公众和企事业单位的基本金融服务需求，并减少争议和纠纷，短期内银行的业务收入可能受到一定的影响，但长期看将会促进银行业竞争能力和服务水平的提升。
>
> ——中央财经大学中国银行业研究中心主任郭田勇
>
> 出台商业银行部分服务指导价和定价政策不仅是对消费者热议和关注问题的回应，也符合《消费者权益保护法》的立法目的和法律规定。
>
> ——中国人民大学法学院副教授孟雁北

存折开户工本费等收费。

2011 年 7 月，针对商业银行违规收取密码挂失费问题，银监会、央行和发改委对外公布取消密码挂失费。

2012 年 2 月，《商业银行服务价格管理办法》对社会公开征求意见。

2014 年 2 月，银监会、发改委分别牵头出台《商业银行服务价格管理办法》和《关于印发商业银行服务政府指导价政府定价目录的通知》。

透视银行服务收费新规

国家发展和改革委员会、中国银监会公布和规范商业银行服务收费新政策新措施能否惠及城乡居民、企业，促进银行业健康发展？能否根治广为诟病的乱收费？记者就此采访了发改委、银监会、专家学者和部分消费者。

新规给百姓带来什么？

发展改革委价格司巡视员张满英说，社会上对有的银行收取退休职工基本养老金异地取现手续费问题反映较多。为切实解决退休职工的实际困难，保护其利益，此次明确免收个人基本养老金（含退休金）账户每月前 2 笔，且每笔不超过 2500 元的本行异地取现手续费。

同时，新规还部分免除了银行个人客户的账户管理费（含小额账户管理费）和年费。

对此，中央财经大学中国银行业研究中心主任郭田勇认为，新规针对个人与企业经常需要使用的业务和具有争议的小额账户管理费和年费、短信通知费等作出明确规定。这体现了政策制定者充分考虑实际情况并且尊重民意。

中国银监会创新部主任王岩岫表示，针对群众反映较多的代缴代扣代收代付业务手续费问题，《商业银行服务价格管理办法》要求不得向委托方以外的其他单位和个人收取委托业务相关手续费。针对银行终止服务机制缺失导致有客户非自愿被扣费的现象，新规要求商业银行应根据客户要求及时终止相关服务。

他说，在增加服务收费信息透明度方面，新办法从信息披露渠道、告知义务、公示内容、合同条款四个方面明确了管理要求，对强制客户接受服务并强制扣费行为做出禁止性规定，基本覆盖目前投诉反映较多的问题。

用“紧箍咒”遏制见利忘义乱收费

商业银行服务收费名目繁多，部分国有大银行收费项目高达 400 多种。由于收费名目多，不透明，一些银行客户抱怨一不小心就被乱收费。为此，两部门公布了商业银行服务实行政府指导价、政府定价的目录，降低和调整部分收费标准，规定部分免费服务项目。

中国国际经济交流中心信息部部长徐洪才说，目前我国银行垄断比较严重，一些金融服务存在“霸王条款”现象。银行服务兼具“自然垄断”和“公益服务”特征，某些服务定价不能完全交给市场，政府应该适当引导和干预。

郭田勇认为商业银行中间业务的确存在着收费项目较多、部分项目收费较高以及收费不透明等问题。

他认为银行收费问题争论的焦点费用高低只是一个方面，服务质量也是社会所关注的，银行收费要做到物有所值，这正是我国银行业的不足之处。目前国内商业银行的主要盈利来源仍是利息收入，想要仅仅提高中间业务的手续费来增加收入是不可取的，应在中间业务的品种和品质方面增强竞争力。

银行收费谁做主?

商业银行服务收费是否应该完全由市场说了算？政府出面规范是否有违法律和充分发挥市场在配置资源中的决定性作用的精神？对此，中国人民大学法学院副教授孟雁北的回答是否定的。

她认为我国金融领域还不是充分竞争的领域，因此商业银行与其交易相对人相比，还具有相对的经济优势。如果滥用相对经济优势地位行为损害了实质的公平和正义而市场机制本身又无法对其进行制约时，法律就需要对商业银行包括自主定价权在内的经营自主权进行必要的规制。

郭田勇说，市场定价并非在任何情况下都是准确的，当出现收费不规范现象时，适度的政府干预有助于保持价格的合理性。在银行业发展成熟的国家，许多中间业务都是免费的，如英国对跨行取款不收手续费。

孟雁北认为政府本次出台的政策已经尽可能尊重了银行的自主定价权，也尽可能发挥了市场在配置资源中的决定性作用。例如，为了尽可能充分发挥市场的作用，新规仅对柜台转账、取现手续费等 13 项服务实行政府指导价管理，设定最高限价，并在适当降低收费标准的同时，对电子银行渠道提供的转账、取现手续费等数百项服务收费实行市场调节价。

增加服务收费透明度　引进外部监督

面对银行提供的数百种服务收费项目，许多消费者感到茫然，往往不知道在哪个环节就被不明不白宰一刀。

在某事业单位工作的刘先生反映，他曾经在华夏银行办理了一张白金卡，经办人员当时称免收年费。过了一年，在没有事先通知的情况下，“一年扣了我 680 元钱年费，很黑啊”。一位招商银行信用卡持有者徐先生曾为信用卡挂失付出了 60 元的手续费，感觉有点贵。

王岩岫说，为了保护银行客户的知情权和选择权等合法权益，《商业银行服务价格管理办法》包括了 8 条增强服务价格信息透明度的条款。例如，商业银行应当在其营业场所醒目位置，设有网站的应当在其网站主页醒目位置，及时、准确公示有关服务项目、价格等信息；商业银行提高实行市场调节价的服务价格，应当至少于实行前 3 个月依规进行公示。新办法还鼓励社会力量等外部力量监督银行服务收费。

对此，中国银行财务管理部高级经理刘屏非表示，新办法很大程度让老百姓有办法了解到服务价格信息，使他们拥有选择权，还能满足银行市场化的需求。

郭田勇认为，外部监管力量的作用和消费者维权意识的强化有利于推动银行收费更趋合理化、规范化。但规范银行收费归根到底还是要通过进一步开放银行业、引进民间资本，让银行业充分竞争来实现。

银行服务收费新规能否为消费者解“气”？

当下，银行业创新日新月异，收费看似“有据”，但人们在享受金融服务的同时，时常感觉吃了“哑巴亏”。国家发改委、银监会公布商业银行收费新规，为银行服务收费戴上了“紧箍咒”，消费者盼望不再花钱买气受。

收费乱象多　客户吃“哑巴亏”

近日，北京市民刘女士在宣武门附近的某银行网点存款吃了“哑巴亏”，存进去 10 万元钱，隔天取出来就变成了 99990 元。“利息没挣到，还倒贴了 10 元银行卡年费。销卡扣年费，不销还可能收小额账户管理费，银行横竖都赚钱。”

像刘女士一样，曾在银行花钱买气受的人不在少数。“嫌贫爱富”的小额账户管理费、“悄然扣费”的短信通知费、“失败钱照收”的转账手续费……这些钱银行貌似收得“有理有据”，但客户的知情权、选择权却在消费中遭到挑战。

“银行收费要做到物有所值，而这却是我国银行业的不足之处。”中央财经大学教授郭田勇表示，银行想靠提高中间业务的手续费来增加收入不可取，价格的制定者需充分尊重民意。

面对银行收费乱象，服务收费新规作出了回应，对银行服务价格行为进行系统性规范，并免除、降低了部分收费。刘女士的“哑巴亏”，自 2014 年 8 月将不复存在。因为此次新规要求银行对未享受免收账户管理费（含小额账户）和年费的客户，应根据客户申请提供一个免收费用的账户（不含信用卡、贵宾账户）。

“商业银行是以盈利为目的的企业，一味地要求银行免费或者以优惠价格提供所有的基本公共服务是不现实的。”郭田勇说，“但对于一些与广大群众利益紧密相连的基础性银行服务项目，可以由国家来进行价格管理，确保其在公众和银行均可承受的范围之内。”

收费巧立名目　企业敢怒不敢言

如果说个人客户被银行收取的是小钱的话，那么小微企业被银行乱收费拿走的就是巨款了。

监管部门披露，去年，招商银行深圳华侨城支行在向一家工程公司发放贷款时，向企业收取了三笔财务顾问费共 270 万元；中信银行向某公司明确要求每年按贷款余额 3%收取并购顾问费，实际共收取 1500 万元。

尽管有关监管部门严格强调不准以贷收费，不准浮利收费，但很多“等米下锅”的企业，尤其是小企业还是绕不过银行五花八门的收费，常年财务顾问费、专项财务顾问费、项目顾问费、理财顾问费，名目繁多。

去年10月，国家发改委开展银行收费专项检查，发现并查处多起银行违规行为。其中，工商银行某分行向一家建材批发企业提供的常年财务顾问业务中，包括“递送2012年4季度电影放映行业分析报告”。

中国银行国际金融研究所副所长宗良表示，近年来，银行为加快中间业务发展，加大了对中间业务的考核要求和奖励，使得银行对中间业务利益趋之若鹜。“要改变此现象需要银行进一步加快市场化改革，切实提高自身的创新能力和服务意识。”

剑指　　新华社发　徐骏　作

监管收费乱象需“三管齐下”

记者注意到，此次新规细化了对银行服务价格违法违规行为的处罚规定，对突破政府指导价、政府定价规定，未按规定程序制定和调整市场调节价，银行分支机构擅自定价，未按规定进行服务价格信息披露，内部管理不合规等行为，都明确了相关处理的法律依据。

专家表示，当价格透明合理成为银行业收费的普遍准则，同时监督和处罚都有着落时，消费者才会理性平和地消费。

“此次新规鼓励社会监督和行业自律。只有内部监督、监管者监督和公众监督三管齐下，才能使银行服务收费行为更加公开透明。”郭田勇说。

遏制银行服务乱收费须常念“紧箍咒”

近年来，银行不合理收费问题备受关注。随着监管部门专项治理的推进，目前这一现象已有所改观，但一些关键性的问题依然存在，与服务实体经济的要求和社会期望仍有较大差距。

随着银行业务发展和受理渠道多样化，服务价格披露和消费者行使知情权和选择权日益复杂，银行服务价格领域暴露的问题也不断增多。与此同时，由于种种原因，被侵权者屡屡陷入投诉无门、投诉不便、查处不力、维权成本过高的困境。

治乱　　新华社发　赵乃育　作

中国银监会、国家发改委发布的《商业银行服务价格管理办法》及商业银行服务政府指导价、政府定价目录，为规范银行服务收费戴上了一道“紧箍咒”。《办法》和目录对政府指导价、政府定价、市场调节价的制定和调整，服务价格信息披露，内部管理和监管对银行服务收费进行系统性规范，为建立合理的银行服务收费提供了强有力的法律支撑。

对银行服务收费，群众最关心的是：银行是否遵守相关法规，价格信息披露是否规范，消费者知情权、选择权是否得到保障，银行服务价格内部管理是否到位……此次发布的《办法》和目录将对这些问题的解决起到重要作用。

银行服务收费合法合规与否，关系到广大百姓的切身利益，也关系到银行业的健康发展。对银行来说，服务收费不仅要做到合法合规，更需要提供良好服务，使消费者感到物有所值。这就需要银行切实提高自身的创新能力和服务意识。

当前，银行业市场化改革正在快速推进。充分的市场竞争，将提升银行服务水平和减少不合理收费。与此同时，随着《办法》和目录的发布，将为规范银行服务收费起到巨大作用。而欲使银行不合理收费现象根本改观，则须常念银行收费新规“紧箍咒”。

15 空中的“李鬼”信号为何屡禁不绝？
——聚焦打击整治“伪基站”违法犯罪专项行动

每年发送垃圾短信近千亿条，干扰公共通讯信号，窃取群众手机卡信息，成为诈骗、赌博、枪毒买卖等违法犯罪的“帮凶”……近年来，“伪基站”成为一大社会公害，并形成从违法生产、销售到使用的黑色产业链，且不断滋生蔓延。大量案例警示，对其从源头到末端的全链条整治，从刑事处罚到多部门查处的全方位围剿，已是势在必行。

打击整治“伪基站”违法犯罪专项行动取得重大成效

针对当前非法生产、销售和使用“伪基站”设备违法犯罪活动日益猖獗的情况，2014 年，中央宣传部、中央网信办、最高法、最高检、公安部、工业和信息化部、安全部、工商总局、质检总局等 9 部门在全国范围内部署开展打击整治专项行动，坚决依法严厉打击非法生产、销售和使用“伪基站”设备违法犯罪活动，坚决依法整治影响公共通讯秩序的突出问题，切实维护人民群众根本利益。截至目前，专项行动取得重大成效，依法捣毁“伪基站”设备生产窝点24处，缴获“伪基站”设备2600余套，摧毁非法生产、销售、使用“伪基站”设备违法犯罪团伙314个，破获诈骗、非法经营等各类刑事案件3540起，抓获主要犯罪嫌疑人1530名。

除　　　　新华社发　谢正军　作

据了解，“伪基站”设备是未取得电信设备进网许可和无线电发射设备型号核准的非法无线电通信设备，能够搜取一定半径范围内的手机信息，可任意冒用他人电话号码强行向用户手机群发各类短信息。“伪基站”设备体积小、易携带，不法分子一般在城市商圈、机场、车站等人流密集的场所，冒用他人电话号码或者伪装成通信运营商、银行客服，甚至是司法、行政机关，强行向不特定人群发送短信，非法经营广告业务，或者发送虚假广告，甚至实施诈骗等犯罪活动，获取巨额利益。非法生产、销售和使用“伪基站”设备，不仅破坏正常电信秩序，危害公共安全，扰乱市场秩序，而且严重损害群众财产权益，侵犯公民个人隐私，社会危害严重。据不完全统计，每年通过“伪基站”设备发送诈骗、赌博、推销、中奖等短信近千亿条，已成为社会一大公害。

为依法严厉打击非法生产、销售和使用“伪基站”设备违法犯罪活动，有效整治和规范公共通讯秩序，2014 年 2 月，中央网信办、公安部会同有关部门建立专项行动联席会议机制，加强对专项行动的组织协调。公安部会同最高法、最高检、安全部专门出台了《关于依法办理非法生产销售使用“伪基站”设备案件的意见》，明确对非法生产、销售、使用“伪基站”设备犯罪行为，依法以非法经营罪、破坏公用电信设施罪、诈骗罪、虚假广告罪、非法获取公民个人信息罪、破坏计算机信息系统罪、扰乱无线电通讯管理秩序罪、非法生产销售间谍专用器材罪等罪名追究刑事责任；对明知他人实施非法生产、销售和使用“伪基站”设备犯罪，为其提供资金、场所、技术、设备等帮助的，以共同犯罪论处；对组织指挥、实施非法生产销售使用“伪基站”设备的首要分子、积极参加的犯罪分子等，予以重点打击、依法严惩。

根据9部门专项行动总体安排和公安部具体部署，全国公安机关迅速行动、精心组织，深入排查案件线索，强化侦查破案措施，全国联动、合成作战，迅速掀起了一场围剿“伪基站”的破案打击战役。公安部多次召开会议，加强指挥调度，强化对重点地区指导协调、对重点案件挂牌督办，组织开展集中收网行动。各地以“追源头、捣窝点、摧网络”为重点，从设备的研发、生产到销售、使用等环节进行全链条打击，成功摧毁了一大批“伪基站”违法犯罪团伙。山东省曲阜市公安机关利用科技手段精确打击，侦破孙某非法销售“伪基站”操作软件案；河北省衡水市公安机关通过源头追踪、串并侦查，摧毁苑某等人非法生产销售“伪基站”团伙案，缴获设备70余套；辽宁省丹东市公安机关侦破李某等人非法使用“伪基站”发送广告推销短信案，该团伙累计群发短信2亿条，年销售额700多万元；江苏省仪征市公安机关成功破获王某等人利用“伪基站”诈骗社保养老金案，涉案金额数十万元。这些犯罪团伙被成功摧毁，有力震慑了此类违法犯罪活动。

公安部有关负责人表示，“伪基站”违法犯罪是近两年来迅速发展蔓延的一种新型违法犯罪活动，任何生产、销售、使用“伪基站”设备的行为都是非法的，公安机关将进一步加大打击力度，持续不断地组织开展打击行动，强化网络和市场清理整治。同时，坚持源头治理、系统治理、综合治理、依法治理，积极会同有关部门进一步建立健全打击整治长效工作机制，全力挤压“伪基站”违法犯罪空间，坚决维护公共通讯秩序和人民群众的切身利益，不断提升人民群众的安全感。公安机关也希望广大群众积极举报违法犯罪线索，及时向公安机关和12321网络不良和垃圾信息举报中心、中国电信、移动、联通客服电话投诉举报，坚决抵制、防范“伪基站”违法犯罪活动。

揭开“伪基站”非法产业链面纱

垃圾短信就潜伏在你的身边。只需一根天线、一台电脑和一套软件，便伪装成不起眼的路灯、电线杆、空调机，也能藏身于小汽车中四处游走。在车水马龙的广场街道，在人来人往的商业街区，它如影随形，时刻窥视着你的手机。

“伪基站”——垃圾短信的高科技“马甲”，近年来正在我国境内迅速蔓延，并日益侵袭着人们的日常生活。2014年2月，中央网信办、公安部等9部门联合部署打击整治专项行动，记者随警进行了采访。

你的手机很容易被“劫持”

2013年10月的一天，江苏省仪征市居民胡女士接到一条显示为当地社保局官方号码的短信：“您有一笔4000元的社保补贴即将到期，请速与社保局联系领取。”胡女士立刻拨打短信中的“社保局电话”咨询，并按照对方电话指示在银行ATM机上操作。直到卡里的1.9万元存款被悉数转走，胡女

劫持　　新华社发　徐骏　作

士才意识到自己落入了骗局。

“我看到短信的号码和地址都正确就信了，哪儿想到这也能假冒呀!”胡女士很懊恼。

胡女士遇到的就是“伪基站”电信诈骗。工信部电信研究院规划所所长胡坚波告诉记者，“伪基站”通过发射大功率信号，“劫持”了周边数百米范围内的手机与运营商基站之间的通信协议，从而截获手机用户信息并向其发送垃圾短信。在被“劫持”的几秒钟至1分钟内，用户手机信号显示满格，但除了接收伪基站发送的信息外，无法进行正常的通讯功能。

“如果一个城市里同时运作的‘伪基站’达到一定数量的话，就可能造成全城的通讯中断。”办案民警介绍，“伪基站”

体积小巧，便于隐蔽，可以安放在车内流动作业，也可以“潜伏”在人流密集处发送垃圾短信。更严重的是，“伪基站”能冒用任意号码甚至是公共服务号码发送诈骗短信，迷惑性极强。

连环套　　新华社发　朱慧卿　作

暴利催生“伪基站”黑色产业链

工信部最新数据显示，截至2014年1月，中国内地移动电话用户已达12.35亿。在庞大的市场刺激下，“伪基站”的生产方、销售方、使用方相互勾结，逐渐形成一个完整的地下黑色产业链条。

2014年3月，山东省曲阜市公安局破获了一起利用网店销售、维护“伪基站”软件的案件。据悉，春节以来，曲阜市公安局不断接到群众举报垃圾短信。通过网上巡查，一家由本地网民孙某开设的“Ssrp定制软件”淘宝店进入办案民警的视线。经查，犯罪嫌疑人利用自己的电子专业知识，向伪基站使用者在线提供所谓“远程升级服务”，并通过支付宝收取一百元至数千元不等的费用。据统计，从2013年12月至今年3月，孙某的网店交易量已达120余次，非法获利7万多元。

孙某的“下家”刘某坦言，选择用“伪基站”发广告就是图便宜。“在报纸上登半版广告，一次就要600元；用‘伪基站’发短信，一小时能发一万多条，广告直达用户，效果很好。”

据了解，“伪基站”的制、售、使用方和非法广告商之间已经形成了一个稳定的地下现金流。用“伪基站”发短信的“行情”是每百元1万条左右，伪基站一般一次能运行6小时，按1小时发送1.2万条短信计算，一个“伪基站”持有者一天就能有近千元进账。

“‘伪基站’是‘无本万利’的生意，也是滋生犯罪的‘神器’。”中国人民公安大学法学院教授莫开勤表示，“伪基站”发广告价格低廉且不受广告法等制约，如不加以控制，势必会对通过正规渠道做广告的正规厂商造成冲击，长此以往，资金将源源不断流入非法广告商手中，导致“劣币驱逐良币”现象发生。不仅如此，“伪基站”绕开了相关部门的监管直接“劫持”用户，进而衍生出泄露个人隐私、诈骗勒索等其他违法犯罪行为。

“十网里头九网空，逮住一个就成功。”在仪征市看守所内，“社保补贴”诈骗团伙主犯王某告诉记者，他每到一地就查出当地社保局电话和地址，并网购一个当地电话卡邮寄给远在厦门的同伙，然后用“伪基站”冒充官方号码发送诈骗信息，普通群众很难辨别真伪。他们每天都能接到数十个咨询电话，平均一天能成功一两起。除了油耗、过路费和住宿费，这种骗术完全没有任何成本。截至被抓获前，该团伙在短短一月间已成功作案 32 起，涉案金额达 22.4 万元。

统计数据显示，不法分子每年通过“伪基站”发送诈骗、赌博、推销等信息近千亿条。

无处可躲　　新华社发　商海春　作

根除“伪基站”犯罪土壤需打“组合拳”

“从个人角度看，‘伪基站’在一定范围内截取手机用户信息并阻碍用户通讯，侵犯了公民的信息安全；从社会角度讲，‘伪基站’破坏了正常的通信秩序，严重干扰经济社会正常运行，甚至可能被别有用心的人利用，进而危害国家安全。”莫开勤表示，打击“伪基站”已经刻不容缓。

据了解，公安部从2012年开始已进行过两次全国范围的打击行动。专家指出，“伪基站”设备易隐蔽，作案具有流动性，调查取证困难，仅靠公安部门打击难以治本。要根除“伪基站”的生存土壤，公安、工商、电信等部门必须改变“各扫门前雪”的现状，对“伪基站”产业制售使用的全链条合力打出“组合拳”。

胡坚波表示，现有的技术手段已能对‘伪基站’发射的信号进行定位。如果某地区突然出现不正常的大功率无线电信号，无线电管理部门是能监测到的，而伪基站一旦运作就会屏蔽掉附近正常基站，运营商也可以很快发觉。因此，相关部门和机构需要切实承担起对“伪基站”信号监测定位的责任，一旦发现应立即报告公安机关。

不完善的无线电发射设备生产销售许可制度也是“伪基站”泛滥的原因之一。莫开勤指出，一方面，“伪基站”大多由地下窝点组装，这样的“三无产品”能够在市面上大肆流通，说明工商部门的打击力度还不够；另一方面，绝大多数的“伪基站”是在网上交易的，但目前网络平台经营者在打击

“伪基站”方面的责任还不够明晰，应出台规章制度督促网络平台积极巡查、关闭出售“伪基站”设备的网店并及时向公安机关举报。

专家还认为，“伪基站”的法律制度存在漏洞，与巨大的经济利益相比，犯罪成本过低，这使得不法分子敢于铤而走险以身试法。据悉，现有与“伪基站”相关的规定散见在刑法、广告法等法律法条中，没有形成一个清晰的体系，大多仅能被处以行政处罚。记者在采访中发现，即便以诈骗罪论处，被抓获的“伪基站”诈骗团伙也往往因为诈骗数额够不上巨大而被判以缓刑。此外，运营商和银行在推动实名制上进展缓慢，一定程度上也对“伪基站”短信诈骗起到了“推波助澜”的作用。

事实上，公安、电信、运营商、手机安全软件厂商等一直在与“伪基站”作斗争，通过不断升级网络、屏蔽关键字等方法减少群发垃圾短信给用户带来的骚扰。据悉，这次由公安部、工信部、国家质检总局、国家工商总局等9部门联合部署开展的打击整治专项行动，目的就是要改变多头管理的现状，从根子上整顿“伪基站”违法犯罪问题。

公安部刑侦局局长刘安成告诉记者，此次专项行动在严打“伪基站”犯罪之外，还将着手建立部门间合作的长效机制，全链条整治“伪基站”地下黑市。他还表示，最高法、最高检、公安部、国家安全部专门出台了《关于依法办理非法生产销售使用“伪基站”设备案件的意见》，进一步明确了“伪基站”案件的适用法条，这对明确公安机关的相关执法行为，以及规范司法机关之间的相互配合极为有利。

“公安机关将继续保持‘露头就打’的高压态势，相信随着侦查手段和法律武器的不断进步，我们对‘伪基站’犯罪的打击震慑力将会越来越强。”刘安成说。

潜伏在手机边的伪基站

蔓延　　　　新华社发　徐骏　作

“您好！我公司主营×××业务”“请把房租转账至×××”……也许每个人的手机上都收到过类似的垃圾短信。如果你的手机同时还出现了信号不稳定、无法拨打电话、上网等现象，也许你已被潜伏在附近的“李鬼”——“伪基站”设备“盯”上了。

“伪基站”设备是一种高科技仪器，主要由主机和笔记本电脑组成，通过短信群发器、短信发信机等设备能够搜取以其为中心，方圆500米至1000米范围内的手机卡信息，通过伪装成运营商的基站，任意仿冒他人手机号码强行向用户手机发送诈骗、广告、推销等短信息。

工信部电信研究院规划所所长胡坚波指出，正常使用的手机会每5秒搜索一次周围的信号基站，而“伪基站”设备的信号要比目前运营商提供的信号更强，手机就会优先选择“伪基站”发送的信号。在运营商信号被干扰和屏蔽的5秒至1分钟内，“伪基站”就会对影响范围内的手机进行“劫持”，导致无法接打电话、上网。短信推送完后，手机才能重新搜索到信号，部分用户甚至必须开关机才能重新入网。此外，“伪基站”还会导致手机用户频繁更新位置，使得所在区域出现网络拥塞现象，影响正常通讯。

有关办案人员介绍，“伪基站”功能很“强大”，但是制作方法却很简单，造价也很低廉。记者发现，根据电瓶功率、外衣材质等不同，市面上“伪基站”设备售价1万元到6.8万元不等。除了硬件设备外，“伪基站”运转的核心软件也可以从网上下载，组装后经过调试就可使用。

“伪基站”通常被藏匿在汽车内，在人群密集的商圈、街道、小区移动发射信号，自动骗取覆盖范围内的手机登录，盗取手机号码和电子串号，之后强行发送诈骗信息或垃圾短信，可以不经过基础电信网络发送，并伪造端口或伪造手机号码。

与正规短信群发平台相比，“伪基站”还有着价格“优势”。据办案人员介绍，与电信运营商有合作的短信群发平台，发送1条短信需花费5—8分钱不等，发送10万条短信需花费6400元左右，100万条需花费5.5万元左右。而“伪基站”发短信收费是按条数或天数计算，如发送1万条短信花费100元，或每一天花费几百元。

据统计，在人流密集地区，“伪基站”1小时能成功发送1万多条短信。每年，通过“伪基站发送的垃圾信息近千亿条”。

整治“伪基站”须打好“围剿战”

每年发送垃圾短信近千亿条，干扰公共通讯信号，窃取群众手机卡信息，成为诈骗、赌博、枪毒买卖等违法犯罪的“帮凶”……近年来，“伪基站”成为一大社会公害，并形成从违法生产、销售到使用的黑色产业链，且不断滋生蔓延。大量案例警示，对其从源头到末端的全链条整治，从刑事处罚到多部门查处的全方位围剿，已是势在必行。

破解“伪基站”治理难题，首先要加大刑罚打击力度。近日，公安部会同最高人民法院、最高人民检察院等部门专门出台《关于依法办理非法生产销售使用“伪基站”设备案件的意见》，规定非法使用“伪基站”设备干扰公用电信网络信号，危害公共安全的，同时构成非法获取公民个人信息罪等多个罪名的，择重罪惩处；并提出对首要分子、积极参加分子作为打击重点予以严惩，为其提供资金、场所、设备等帮助的以共犯论处。一系列规定使打击“伪基站”违法犯罪的标准和依据更加清晰，在司法实践中也将产生更强大的震慑力。

同时，仅有司法防线是不够的，还应着眼前端预防，不能等到“伪基站”造成危害再出手打击。这也就需要各部门联动协作，形成监管合力。今年以来，中央网信办、公安部等多部门开展打击行动，通信管理、工商、质检等部门积极参与，初步遏制了“伪基站”的蔓延势头，让饱受“伪基站”之害的广大群众看到了希望。

与群众的强烈反映和严重的危害现状相比，整治“伪基站”还应进一步提速。例如，坚决清理网上出售“伪基站”的非法广告信息，关停相关网店及其通讯、资金账号，依法严惩“伪基站”研发销售人员，摧毁此类违法犯罪的源头。此外，也应当广泛提醒公众，手机信号突然短暂消失之际，可能就是“伪基站”入侵之时，如果发现有此类蛛丝马迹，应及时向有关部门反映或报警，让“李鬼”无处遁形。

后 记

本书是在新华社播发的系列稿件和评论的基础上编辑而成，是广大干部群众了解社会热点问题的重要参考读物，也是广大公务员考生提升申论能力的必要学习资料。为方便阅读，在尊重事实的前提下，我们对部分稿件的标题和正文做了必要修改。

在本书付梓之际，特向以下作者致谢！他们是：顾瑞珍、陆文军、李柯勇、罗博、刘元旭、张舵、朱峰、娄辰、肖春飞、罗沙、安蓓、张忠霞、彭茜、蓝建中、陈济朋、林小春、周蕊、章苒、张紫赟、姜潇、白靖利、李荣、毛一竹、何晨阳、白丽萍、叶婧、潘林青、杨维汉、舒静、吉哲鹏、刘美子、徐博、张丽娜、何雨欣、韩洁、康淼、张桂林、黄浩苑、孙铁翔、史竞男、隋笑飞、崔静、吴振东、赵超、黄小希、徐扬、商意盈、高洁、吴晶晶、翟玉珠、刘良恒、杨金志、翟玉珠、文史哲、余晓洁、陈炜伟、江国成、刘诗平、苏雪燕、吴雨、王思北、杨毅沉、谭谟晓、高敬、傅勇涛、王晖余、刘巍巍、鲁畅、孔祥鑫、刘宏宇、白阳（排名不分先后）。

因编者水平有限，书中不当之处，敬请广大读者指正。